# 电影育人

## 中小学电影课程设计与实施

范胜武 等◎著

中国言实出版社

**图书在版编目(CIP)数据**

电影育人：中小学电影课程设计与实施 / 范胜武等
著. -- 北京：中国言实出版社，2023.9
ISBN 978-7-5171-4580-6

Ⅰ.①电… Ⅱ.①范… Ⅲ.①电影艺术—课程设计—
研究—中小学 Ⅳ.①G633.950.2

中国国家版本馆CIP数据核字（2023）第176261号

**电影育人——中小学电影课程设计与实施**

责任编辑：史会美
责任校对：王建玲

出版发行：中国言实出版社

地　　址：北京市朝阳区北苑路180号加利大厦5号楼105室
邮　　编：100101
编辑部：北京市海淀区花园路6号院B座6层
邮　　编：100088
电　　话：010-64924853（总编室）　010-64924716（发行部）
网　　址：www.zgyscbs.cn　电子邮箱：zgyscbs@263.net

经　　销：新华书店
印　　刷：徐州绪权印刷有限公司
版　　次：2023年10月第1版　　2023年10月第1次印刷
规　　格：710毫米×1000毫米　　1/16　　16.25印张
字　　数：145千字

定　　价：68.00元
书　　号：ISBN 978-7-5171-4580-6

# 前　言

优秀影片具有生动、形象、感染力强等显著特点，蕴含着丰富的思想、艺术和文化价值。国家近年也多次提出加强中小学影视教育。如在 2018 年 11 月，教育部、中共中央宣传部联合印发《关于加强中小学影视教育的指导意见》指出："使观看优秀影片成为每名中小学生的必修内容，保障每名中小学生每学期至少免费观看两次优秀影片。"

如何充分发挥电影的育人价值？在中小学应该怎样开展影视教育？

在中小学开展影视教育、发挥电影育人价值的最好方式就是开设电影课程。中小学的电影课程就是简单组织学生一起看电影吗？显然不是。电影课程作为一门课程，要有课程目标、课程内容、课程实施、课程评价等课程四要素。如何设计和实施电影课程，很容易成为困扰学校和老师们的一大问题。

北京市二十一世纪学校从 2016 年春季开始组织学生集体观影。凭借三年多电影课程教学实践的基础，于 2019 年成功申请全国教育科学"十三五"规划 2019 年度教育部重点课题"以立德树人为目标的十二年一贯制学校电影课程开发与实践研究"。在立项后，学校系统地开发了 1—12 年级的电影课程，并在实践中取得了良好的育人效果，多项成果在全国、北京市、海淀区获奖。例如，校本课程案例《十二年一贯制世纪电影课程开发与实施研究》（编号：ICTRXB2022230）在教育部基础教育课程教材发展中心、课程教材研究所 2022 年举办的校本课程建设典型案例征集中脱颖而出，被评为典型案例，在其官网进行展示。

本书是该课题研究的重要成果之一，能帮助中小学校和教师成功开设电影课程，引导教师正确选择电影，提高电影鉴赏能力，从而更好地发挥电影的育人价值。通过阅读本书，如下问题将得到解决。

## 一、如何理解电影课程的育人价值

在 2018 年 11 月前，国家也曾多次发文强调中小学影视教育的重要性，但一些教育同人对电影的育人价值认识并不到位。他们认为电影就是一种娱乐的工具，用学校的时间来带领孩子们看电影，着实是浪费时间。本书的第一章，一方面分析国家政策、国内外开展影视教育的情况，帮助读者从宏观层面分析电影课程的育人价值。另一方面，介绍名人、学生、教师、家长四类不同群体对电影课程的看法，从微观层面和读者一起感受电影课程的魅力。

## 二、如何设计电影课程

电影课程对许多中小学教师来说都比较陌生。教师们认识到了电影的育人价值，但如何开发这门课程，却成了摆在教师们面前的难题。在本书第二章中，读者将看到北京市二十一世纪学校是如何设计中小学电影课程的。

校课题组在前期开发电影课程时，主要使用泰勒课程开发模式作为理论指导，在具体操作时，先后完成了以下几项工作。

第一，前期调研，明确课程定位和目标。电影是一种综合的艺术载体，对电影课程的定位不同，开发出的电影课程就会大相径庭。电影课程是艺术课、德育课，还是学习英语等学科的辅助工具？可以综合考虑国家政策、学生需求、校情等诸多因素，来明确电影课程的定位和目标。

第二，确定课程框架和分段实施规划。明确：电影课给哪些年级开设？多久上一次课？如何安排课程内容？

第三，形成课程实施的具体安排。具体明确课程实施的时间、地点、形式等。

第四，解决电影课程的师资问题。电影课程的教师从哪里来？是聘请一位专职的电影教师，还是由学校现有教师担任？是自愿申报还是行政指定？是由艺术教师还是语文、道德与法治教师授课？这些问题读者在第二章中都能找到答案。

# 三、如何选择电影

设计电影课程的具体内容，主要就是选择电影。如何选择电影？在第三章中，不仅在理论层面阐述了选择电影的四大标准，更给出了很多具体的操作建议，如优先考虑全国中小学生影视教育协调工作委员会推荐片目；用八大主题来帮助教师聚焦电影；设计《电影信息卡》工具，帮助教师分析电影；建立学校电影课程资源库的具体方法等。在第三章的最后部分，每个学段都有一位教师代表分享自己选择电影的心得，供读者参考。

# 四、如何设计电影课程读本

什么是电影课程读本？电影课程读本的作用是什么？怎么设计电影课程读本？

相信很多读者看到"电影课程读本"时，首先想到的就是这三个问题。其实，这三个问题是真正意义上的开放性问题，很难说哪个答案就是正确的、最好的。北京市二十一世纪学校电影课程组在开发电影课程时也一直在实践中思考、完善读本的相关问题，并将已形成的最有价值的成果呈现在第四章中。

在第四章中，作者分析了编写电影课程读本的目的和作用，总结了编写读本的六步流程，最后结合具体案例对四个学段读本的结构和内容进行了剖析。

# 五、如何上好一节电影课

电影课怎么上？安排哪些教学环节？如何安排才能让学生收获更多？

为了让新手教师快速上手，解决上述问题，本书第五章详细介绍了"三环节五活动"的电影课堂教学模式，并呈现了12个完整的教学设计，覆盖1—12年级，不论是小学教师还是初高中教师，读后都能有所收获。同时，本书在挑选教学设计时，也充分考虑到了电影题材和类型的丰富性，书中有红色经典电影《建党伟业》，有反映社会现实问题的电影《我不是药神》，有榜样电影《钱学森》，有国外经典动漫电影《玩具总动员》，还有纪录片《我们诞生在中国》等，使读者对不同类型电影的教学都能有所了解。

## 六、如何开展电影拓展活动

2018 年 11 月，教育部、中共中央宣传部发布《关于加强中小学影视教育的指导意见》指出："要积极开展校园影视教育活动……营造浓厚校园影视文化氛围。"与电影课程相结合，根据不同的影片内容，开展多种形式的电影拓展活动正是落实该要求的最佳途径。

开展何种类型的电影拓展活动，如何开展呢？本书第六章介绍了北京市二十一世纪学校开展的十一种电影拓展活动。不仅有具体的案例，还举一反三，告诉读者哪些类型的电影适合开展这类活动，这类活动有哪些开展方式等。

## 七、如何做好电影课程的评价

对中小学教师来说，谈到课程评价，一般会想到三个问题：怎么评价学生？怎么评价教师？怎么评价课程本身？本书第七章将结合北京市二十一世纪学校的实践经验，分析如何解决这三个问题。

## 八、如何分析电影课程的实施效果

电影课程实施后，真实的育人效果如何？本书的第八章从四个方面来分析课程实施效果。第一，用数据说话，从调查问卷统计结果中了解学生如何评价电影课程，以及他们在电影课程中有哪些收获。第二，开展质性分析，从对学生、教师、家长的访谈中，从学生在拓展活动中的表现、生成的电影观后感及各类作品中来分析学生在哪些方面的能力有所提高。第三，分析电影课程带给教师哪些成长。第四，分析电影课程带给学校哪些收获。

## 九、如何更好地优化电影课程

课程研究无尽头。电影课程在实践过程中会启发教师进行新的思考，从而发现一些可优化的点。本书第九章结合北京市二十一世纪学校电影课程的教学实践，从学习状态、学习资源、学习活动三大方面提出了一些新的见解，能启发读者更好地优化电影课程。

虽然我们相信通过这本书读者一定能够收获很多，但我们也深知，受制于师资、时间、管理等诸多因素，中小学电影课程的设计与实施仍在不断探索与实践中，在应然之道与实然之境中反复权衡。本书在理念构建和实践探索中都存在未尽之处、不足之处，敬请大家批评指正。

# 目　录

# 第一章　电影课程的价值

电影课程以其独有的人文性、综合性发挥着重要的育人功能。优秀电影是政治、经济、哲学、历史、文化、社会学、伦理学、心理学等内容综合而成的人类文化的精华，是戏剧、摄影、音乐、绘画、文学等艺术表现手法的集合，它用电影特有的技法，以运动的、直观的形象为人们提供各式各样、丰富逼真的银幕形象，学生在包罗万象的电影世界里，通过情境刺激、接受信息，受到引导和教化，或通过审美体验获得愉悦，使智慧明达，道德完善。①在一定程度上，电影课程对于学生的全面发展有着直接的影响，在实现全人教育过程中发挥着重要的作用。

---

① 李淑蓉，朱玉茹. 以电影课程践行全人教育理念 [J]. 电影评介，2012（16）：71-72.

# 一、从国家政策层面看电影课程的价值

20 世纪 90 年代初，中宣部、中央文明办、教育部、文化部等七部委联合向全国中小学生推荐《百部爱国主义教育影片》。百部爱国主义教育影片是中国先进文化的代表，是传承民族精神的纽带，是启迪美好心灵的载体，对传承民族文化、弘扬正气有着重要意义，影片展现了中华民族自古以来的民族气节和大义，以及不畏强暴、反抗强权的民族风骨。优秀的爱国主义影片具有生动、直观、感染力强的特点，有着健康向上、催人进取的思想内涵，发挥着重要的育人价值。

2004 年《中共中央　国务院关于进一步加强和改进未成年人思想道德建设的若干意见》发布，明确提出，有关部门要继续做好面向未成年人的优秀影片、歌曲和图片的展演、展播、推介工作，使他们在学习娱乐中受到先进思想文化的熏陶。

2005 年，教育部、国家发展和改革委员会等五部委联合行文规定："将影视教育纳入中小学教学计划，充分发挥优秀影片的育人功能。""十五"期间，中央电教馆曾开展大型的"电影课实证研究"，覆盖 22 个省市的 200 多所中小学。

2008 年 6 月 19 日，教育部、国家发展和改革委员会、财政部、文化部、国家广电总局为适应新形势下加强和改进未成年人思想道德建设的要求，进一步发挥优秀影视作品的育人功能，推进中小学影视教育工作健康发展，联合印发《关于进一步开展中小学影视教育的通知》（教基〔2008〕15号）。

近年来，先后印发《教育部关于加强和改进普通高中学生综合素质评价的意见》《国务院办公厅关于全面加强和改进学校美育工作的意见》《中小学德育工作指南》等政策文件，对各地各校开展好影视教育提出了明确要求。2015年、2017年教育部与原国家新闻出版广电总局先后举办了两届"全国中小学生电影周"活动。开展中小学影视教育工作，引导各地学生多看电影、看好电影，对于深化基础教育课程教学改革，丰富学校育人手段和方式，提高学生人文底蕴和综合素质，培养学生良好的审美观念和鉴赏能力，促进学生身心健康发展，具有十分重要的作用和意义。

2018年11月，教育部、中共中央宣传部发布《关于加强中小学影视教育的指导意见》，指出优秀影片具有生动、形象、感染力强等显著特点，蕴含着丰富的思想、艺术和文化价值。利用优秀影片开展中小学生影视教育，是加强中小学生社会主义核心价值观教育的时代需要，是落实立德树人根本任务的有效途径，是丰富中小学育人手段的重要举措。

长期以来，我国一批优秀的经典影片影响和感染了一代又一代人，激励青少年学习英雄人物、先进人物和美好事物，在学习生活中养成好的思想品德追求。当前电影事业快速发展，不同类型的优秀影片大量涌现，在满足人民群众精神文化需求、提高全民族文化素养、传播社会主流价值观、弘扬中华优秀传统文化、增强国家文化软实力等方面发挥了重要作用，也为中小学开展影视教育工作进一步提供了丰富的资源和载体。通过加强中小学影视教育，着力在坚定理想信念、厚植爱国主义情怀、加强品德修养、增长知识见识、培养奋斗精神、增强综合素质上下功夫，努力构建德智体美劳全面培养的教育体系，对于激发学生对党、对国家和对人民的热爱，增强对"四个自信"的理解与认同，对于从小养成良好思想道德、心理品质和行为习惯，形成正确的世界观、人生观、价值观，提高审美和人文素养，形成健康文明的生活方式等具有重要意义。

中国电影教育研究中心主任刘军研究员等在 2018 年发表文章《中小学电影教育课程体系建设原则的思考》中指出：课程建设是电影教育走入中小学的核心关键。由于不同年龄的观众鉴赏能力不尽相同，学校要有针对中小学生年龄、年级的教材，要有能进行细致的分层教学的教学队伍，要有能够指导学生进行拍摄制作实践的专业经验。[1]

由此可见，开设中小学电影课程的价值在于有效地推进中

---

[1] 刘军，陈圆圆.中小学电影教育课程体系建设原则的思考[J].电影评介，2018（01）：1-5.

小学影视教育，进而充分发挥电影的育人价值。从宏观来看，电影课程的价值在于提高国家文化软实力，有助于文化自觉与文化自信的培养；从微观层面来看，电影课程的直接对象是学生，对于学生品德的形成与发展、价值观的建立、知识的积累等方面有着全面的影响。

从国家多年来颁布的多项政策我们可以看到在中小学开展影视教育的重要意义，进一步明确电影课程的价值。

## 二、从中小学影视教育的现状看电影课程的价值①

世界上的电影基础教育基本分为三种模式。第一种是大众素养模式，以电影观赏为主；第二种是校本课程模式，各个学校根据国家及本校的特色，自主开设，主要以服务其他学科教学为主，比如，通过看电影学习英语、历史、地理等内容；第三种是地方课程和国家课程模式，电影教育以统一的课程方式进入到基础教育体系中。

英国、法国和北欧等国家上述三种开展电影教育的模式都很成熟。芬兰、丹麦等国更是在社区成立专门的影像文化培训中心，负责承担周围中小学校的电影教育工作。法国于 1988 年

---

① 本部分内容的主要参考文献为：刘军，陈圆圆.中小学电影教育课程体系建设原则的思考 [J].电影评介，2018（01）：1-5.

通过《艺术教育法》后，1989 年正式推行初中电影教育，1994
年正式推行小学电影教育，1998 年正式推行高中电影教育，
2005 年将电影教育调整为"艺术与文化教育"课程。

国内的电影基础教育主要为第一种模式。新中国成立后，
中宣部、教育部等都曾结合思想政治教育需要开展过国家性的
中小学电影教育，主要强调"电影进校园"。上海、山东、北
京、广东等地的少数中小学以校本课程的形式开展电影教育。
山东淄博、广东深圳等地，还出版了地方性的教材，但大多是
结合文化、英语、历史等其他学科的学习编写的。从 2017 年
开始，陕西省在全省的高中统一开设《电影艺术与欣赏》课程，
并出版了统一的地方课程教材，实现了我国的第三种电影教育
模式。2022 年 3 月，教育部公布《义务教育艺术课程标准》，将
"影视（含数字媒体艺术）"放入课程内容。

当前，我国中小学电影教育与其他国家相比还有很大的距
离，电影教育尚未全面进入国家和地方的国民教育课程体系，
电影教育在中小学的普及还处在十分初级的阶段。而国外有些
国家从法规的高度，将整个电影教育纳入国民教育体系。中小
学的电影教育是一个系统工程，这个系统工程最后还要以电影
课程的形式予以落实。

从中小学影视教育的现状我们可以看出：国内外都越来越重
视电影课程，这说明电影课程在育人方面的价值正在被更多的人
认可。

## 三、从不同人群的视角看电影课程的价值

### （一）名人视角

爱因斯坦说："电影是人类精神幼年时期无与伦比的学习内容和方法，因为电影可以使思想剧情化，这比用任何其他的方式都更容易为儿童所接受和理解。"

列宁天才的智慧使他在电影的发展初期就已经观察和估计到了电影的非凡能力，他曾经说过："电影事业的平凡外表下隐藏着最伟大的教育工具。"①

法国教育部顾问、当代著名思想家埃德加·莫兰指出：电影如同生活的学校，即是语言的学校、发现自我的学校、人类复杂性的学校、人类的学校，这一切"应该汇聚起来以变成理解的学校"。

80多年前，鲁迅先生曾经表示："用活动电影来教学生，一定比教员的讲义好，将来恐怕要变成这样的。"蔡元培先生也曾说："电影虽为一种娱乐，但对于教育，实有莫大的影响。"影视编剧、儿童文学作家李西西曾说："一部优秀的影视，可以让人

---

① H. 列别杰夫. 列宁关于电影的初期言论 [M]. 徐谷明等，译. 上海：时代出版社，1951.

遇见三重世界：理想世界的影子、生活世界的镜子、心灵世界的自我。"

从以上几位中外名人的话语中，电影和电影课程的育人价值可见一斑。

### （二）学生视角

在北京市二十一世纪学校，这里的高中生这样表述自己对电影课程的看法。

"电影课程是我们高中生涯极大的调剂和改善，让我们以别样的角度认识了这个世界。电影里的世界光怪陆离，电影里的故事千奇百怪，电影里的人千姿百态，但电影也是牢牢扎根于我们的生活，归根到底讲的还是人的故事。每一部电影都是另一个世界的窗口，让我们看到了不一样的人生。"

"电影是一种传播思想和感情的媒介，我们可以从中领略他人的人生，回顾自己的经历，汲取成长的养分。"

"我们虽然从小就接触一些影视作品，但对它们的认识总是感性的，很少会留下深刻的印象。但是通过电影课程，我们可以全面系统地了解影视艺术的发展历程，例如从最初的黑白哑剧，到后来'声色俱全'的作品。电影仿佛一个个老者讲述着自己的经历，告诫着我们，激励着我们。"

从以上三位同学的文字中，我们发现，电影课程能让学生从紧张的学业中得到放松，能让学生们增长见识、拓展视野、了解更多的影视知识，让学生更好地理解生活、理解人生，将影片故事与自己的经历结合，从而更好地成长。

### （三）教师视角

北京市二十一世纪学校范胜武校长结合自身经历，为电影课程写下如下文字，从中可以感受到电影对人成长的影响，进一步理解北京市二十一世纪学校为何要开发电影课程。

小时候，物质生活匮乏，精神生活更是贫瘠得"可观"。孩子们盼望着过年，盼望着穿一身新衣服，盼望着吃一顿肉饺子，盼望着块儿八毛的压岁钱，那种期待和渴望，今天的小孩子可能无法想象。单调的童年就像一条黯淡的隧道，仿佛永远也到不了头。

但是，偶尔也会有意想不到的惊喜降临，那就是——放电影！盼望放映员到来的心情就像盼望过年一样急切。一台放映机，一块白色幕布，演绎着无比精彩的电影。黑白的影像，嘈杂的音效，时断时续的画面，对我们来说都已经有强大的魔力了。小伙伴们提前几天便得知放映员将要"流窜"到这里，当天我们早早便把小板凳搬过去抢占最佳位置。男女老少全员出动，黑压压一片，甚至墙头、树上都坐满了人。天地间仿佛只剩了那块白布和自己，静悄悄地将自己投入电影。《智取威虎山》《沙家浜》《白毛女》《地道战》《地雷战》《钢铁是怎样炼成的》《瓦尔特保卫萨拉热窝》……现在看来，全是战争片，全是一种格调，但那里面的抗日英雄让我们崇拜，旧社会老百姓的凄苦生活让我们悲愤，中国人民抗战的机智和勇敢大快人心，正义最终战胜邪恶的结果令人振奋，我们甚至在日常的游戏中也会化身电影角色，演绎自己的战争故事，乐此不疲。

今天想来，这都是一些儿时的记忆了。那块白布就像一道闪光，照亮了灰色的童年，永远镌刻在了岁月的深处。几十年波折坎坷，无数的酸甜苦辣，都被时光冲淡，但那个放电影的画面裹挟着当时的渴望存留了下来。或许，我当时的理想只是成为杨子荣；或许，我那时只是看到日本战败很解恨；或许，我只是看到穷苦百姓非常可怜……

但这一切在我的内心深处埋下了种子。渐渐地，在成长中，我的理想发芽、出土、壮大，它变得清晰可见——我要成为一个对社会有用的人，我要影响、带动一批人，让他们把这个国家建设得更加强大，更加繁荣！

电影在我启蒙阶段起到了重要的作用。为什么它会有这种魔力？因为它是一门综合艺术，包含了文学、戏剧、摄影、绘画、音乐、舞蹈、文字、雕塑、建筑等多种艺术。在电影里，我们可以穿越时空，了解几百年、几千年以前的文明；我们可以来去自由，体验世界各地的风土人情；我们可以脑洞大开，让想象向着无边的领域飞驰。电影，是人生百态的特写，是社会变迁的缩影，是人类对自我的艺术反思。当今的文化界百花齐放、百家争鸣，电影早已不是几十年前那么单调、粗糙。不计其数的大片在宣传、造势、上映，泥沙俱下中，确实也有很多优秀影片经受住了大众的考验，成为这个时代的经典沉淀下来。它们能够陶冶人的心灵，也能为学生成长指明方向、树立标杆，对其世界观、人生观、价值观的形成起到潜移默化的作用。所以，我们要开设"世纪影视殿堂"，筛选出100部电影，分别让1—3年级，4—6年级，7—9年级，10—12年级四个学段的学生学会感知电影、认知电影、解析电影、创作电影。在这种集体观影的氛围中，学生受到的震撼更深，他们可以交流感悟、相互启迪，在各种教学环节中展示自己对电影的认识，让成长更加丰富和厚重。

相信，在课本、老师、教室之外，电影会是孩子们另一片广阔的天地。在这里，他们将汲取更多更丰富的营养，他们将在这方殿堂摘取人类文明的丰硕果实，他们将插上艺术的翅膀，飞向五彩斑斓的未来！

北京市二十一世纪学校十二年一贯制课程负责人郭明老师说："校园里的生活，色彩和温度比较单一，而电影则不然，它可以让学生在没有任何伤害的前提下，去感受世界的炙热和人生的残酷，让学生能够去品读各种人生，了解各种社会形态，且能够安全、健康地成长和思考。同时，让他们逐渐积累力量，去勇敢地面对世界、社会和未来。"

在文献研究中，可以看到很多教师群体的优秀代表，结合自己的教育实践，从教师视角来讲述电影课程的故事，让我们进一步感受到电影课程的育人价值。如山东工业职业学院李淑蓉、朱玉茹老师认为，"电影课程，通过人的感觉器官获得对世界的认知；通过人的审美体验获得对生命的感悟；通过人的情志反应获得对生活的理解"①。我国电影课程的先驱雷祯孝发表文章《电影课，中国办学的高速铁路》，介绍了什么是电影课、电影课在国际上的反响、如何选片、电影课对学生的影响等。阮

---

① 李淑蓉，朱玉茹. 以电影课程践行全人教育理念 [J]. 电影评介，2012（16）：71-72.

红旗 2016 年在《小学教学参考》发表论文《电影课为学生开启一扇智慧之门——5455 式电影课程开发介绍》，介绍了安徽省铜陵市新苑小学开发电影校本课程的情况；2018 年发表论文《谈学校教育中实施电影课程的一些做法》，提到：将电影与其他学科相融合，开展"看电影学写作"等小课题研究。成剑 2017 年发表文章《把全世界最美的影片献给孩子》，介绍了南京市五老村小学的电影课程实践，让我们看到了一次探寻现代艺术资源教育价值的校本行动。

### （四）家长视角

北京市二十一世纪学校为寄宿制学校，学生在校时间较多，家长陪伴时间较少。在前期的调研中，课题组发现学生和家长都希望学校开设电影课程。希望通过电影课程弥补学科教育的不足，让学生更好地认识社会，读懂亲情、友情，为以后的幸福人生奠基。其实，在当今社会，很多非寄宿制学校的学生在家和父母有效沟通的时间也并不充足，学生在认识社会、情感体验方面也非常需要加强，而电影课程正是良好的载体。

北京市二十一世纪学校的十二年一贯制电影课程实施后，受到了许多家长朋友的支持和肯定。

一位三年级学生的家长对学校的电影课程给出了这样的反馈："孩子观影后，我接他回家的路上，他总会兴奋地和我聊对于影片的各种理解和感受，这样的时刻让我觉得特别美好。在这个快节奏的时代，视频内容越做越短，看一部电影的时间可能足够刷上一百条短视频，孩子平时抱着平板电脑，除了笑声几乎不会和我们分享太多想法。而每个月100多分钟的'电影大餐'，对于孩子、对于我们家长来说都是很有意义的。在老师们的引导下，孩子们从电影中读出了真、善、美，了解了一个个来自他们不曾经历过的时代的故事，他们将那些从电影主人公身上学习到的好品质带入日常生活。我感受到了孩子身上细微的变化，他逐步拥有了从影片中获取信息的能力，愿意与我们分享他的观点与感受。这也让我对电影课这样的特色课程有了深刻的印象，感受到了电影课程在潜移默化中培养了孩子独立思考的能力。"

从这位家长的反馈中能够解读出：影视育人与家校共育之间有一座桥梁，电影课程不仅仅是带着学生们看好的影视作品，更要教会学生们如何读懂电影中蕴藏的意义与价值，将这样的深度思考带入日常的学习生活。从这个过程中能够发现，电影课程的教学方式是活泼生动的，课堂氛围是自由放松的，不是死板说教。让人不禁深思：教育也可以用轻松自在、春风化雨的方式滋润心灵，让孩子不着痕迹地收获成长。

一位初二年级学生的家长作为影视行业的从业者，对学校选取的电影片目给予了很高的评价："我是一个不折不扣的影迷，从光影世界中我探索到了人生百态，撷取灵感与创意。得知孩子的学校有电影课程，每月组织观影活动，我是非常支持的。拿到孩子电影课程的读本，从目录中我看到了学校在影片选择上的用心。首先，影片的类型很丰富，剧情片、纪录片、传记片……能够满足不同孩子的观影兴趣。其次，这些影片中的故事都有着深层的教育意义。优秀的影视作品是孩子成长道路上的方向标，它能给孩子们引领眼前的道路，也能指引孩子的未来。看电影、理解电影、评论电影的过程既提升了孩子们的审美能力，达到了育人效果，又丰富了孩子们的精神世界，开阔了他们的视野，坚定了他们的理想信念。"

对于日趋成熟的电影课程，家长们也提出了非常好的建议。

"对于中小学生而言，空洞枯燥的说教对他们所起的作用并不大，将电影引入课堂，运用电影中丰富生动的素材来对未成年人进行品德、心灵及情感的教育，能够让孩子们在电影中彩排和预演自己的人生，在电影中强壮自己、丰富自己、教育自己，并最终成就自己。作为家长，我看到了电影课程的成熟度越来越高，同时我也希望电影课程能够从校园延伸到校外，学校可以开展一些亲子观影活动，定期向家长推荐可以与孩子共同观看的优秀影片。"

家长的反馈对于多维度解读电影课程的价值而言是非常重要的，从家长们的反馈之中能够直观了解到学生们从电影课程中汲取到了力量并有了正向的变化。现代社会是信息社会，学生能够从多种渠道获取信息，利用电影课程让孩子们直面人生百态，其真实性更易引起学生的情感共鸣，使学生产生身临其境的直观体验和深刻触动，从而形成持久的教育效果。

# 第二章　电影课程的整体设计

电影课程本质上是校本课程，理论上来说适用于校本课程开发的多种模式也都适合电影课程开发。中小学校的很多教师对课程开发的各种模式并不熟悉，那么选择哪种模式进行电影课程开发呢？纵观整个当代西方教育和课程理论的近百年发展历史，当首推泰勒的《课程与教学的基本原理》，我国课程开发使用最多的也是泰勒模式。虽然泰勒模式存在着一些问题，但其可操作性较强，非常适合由学校主导开发校本课程。因此，北京市二十一世纪学校选择了该模式作为课程开发初期的主要参考模式。

在《课程与教学的基本原理》中，泰勒开宗明义地指出，开发任何课程和教学计划都必须回答四个基本问题：

第一，学校应该试图达到什么教育目标（What educational purposes should the school seek to attain）？

第二，提供什么教育经验最有可能达到这些目标（What educational experiences can be provided that are likely to attain these purposes）？

第三，怎样有效组织这些教育经验（How can these educational experiences be effectively organized）？

第四，我们如何确定这些目标是否得到实现（How can we determine whether these purposes are being attained）？

这四个基本问题——确定教育目标、选择教育经验（学习经验）、组织教育经验、评价教育经验——构成了著名的"泰勒原理"。

明确了这四个基本问题，也就确定了课程四要素，即课程目标、课程内容、课程实施与课程评价。

因此，课题组按照泰勒的课程开发原理，从确定目标、选择资源、课程实施、课程评价四个环节依次入手进行研究，具体实施时从课前阶段、课中阶段、课后阶段三个阶段落实具体工作。电影课程的开发主要采用了泰勒的课程开发模式，为了提升课程质量，克服泰勒模式的一些弊端，课题组参照多尔（美国）后现代课程理论，使得课程设计细化、微观化、操作化，实现了泰勒现代课程理论与多尔后现代课程理论的有机结合。

整个开发研究过程采用行动研究范式，在教学实践中逐步发现问题，解决问题，进而完善课程。整体开发研究过程如下：

第一，通过文献研究、访谈、问卷调查等进行调研，确定课程目标。以立德树人为总目标，重点帮助学生树立正确的三观，同时发展学生核心素养，拓展视野。确定整体规划、分段实施的设计思路，将 1—12 年级分成四个学段。每个学段成立一个研究小组。

第二，设计电影课程的内容模块，选择电影，组织学习资料，编写电影课程读本。

第三，设计电影课程实施方案，研究课程的教学方法和手段，设计课程评价方案。

第四，在电影课程中规范实施课前、课中、课后各个教学环节，记录过程，发现问题，做好过程性评价记录。

第五，设计电影课程成果展示活动，通过问卷调查、访谈、案例研究等了解电影课程实施效果、对学生成长的作用。

第六，发现问题，拟定解决问题的方案，在新一轮的课程中实施。

第七，修订课程，优化实施。

## 一、如何确定电影课程的课程目标

电影是一种综合的艺术载体，中小学电影课程作为一门校本课程，有学校认为它属于艺术课程，重在美育；也有学校将其作为辅助英语、语文等其他科目学习的工具；还有学校认为其是培养影视人才的先驱课，重在讲授电影专业知识。

对电影课程的定位不同，开发出的电影课程就会大相径庭。例如，如果把电影课定位为艺术课程，那么课程内容就可以是一些电影片段。这样的电影课可以通过学生选修的方式开展，利用艺术类课程的课时进行，由学校相关学科的艺术老师来分专题或联合进行讲解，如音乐老师可以带领学生欣赏多部电影中的音乐，美术老师分析影片中的画面等。而如果把电影课程定位为辅助语文学习的工具，那么课程内容可能是"看电影学写作""电影与文本比较阅读"等，执教者就是语文老师，课时可能是占用语文课，实施方式可能是播放相关的影视片段，从而加深课堂的趣味性等。

因此，明确电影课程定位与目标是开发电影课程首先要解决的问题。

电影课程定位和目标的确定，要考虑国家和社会发展需要、学生需求、校情等诸多因素。

在国家和社会发展需要方面，2018年教育部、中共中央宣传部联合印发的《关于加强中小学影视教育的指导意见》给了我们明确的指示，文件指出："利用优秀影片开展中小学生影视教育，是加强中小学生社会主义核心价值观教育的时代需要，是落实立德树人根本任务的有效途径，是丰富中小学育人手段的重要举措。"现在中小学校普遍面临德育方式相对单一、德育效果有待提升等问题，我们需要一门课程来进一步丰富德育方式、提升德育效果，而电影课程正是最合适的载体。

在学生需求方面，我们通过调研发现，学生和家长都希望学校开设电影课程。希望通过电影弥补学科教育的不足，让学生更好地认识社会，读懂亲情友情，为以后的幸福人生奠基。

在校情方面，以北京市二十一世纪学校为例，学校是十二年一贯制学校，电影课程作为学校十二年一贯制课程之一，其课程目标必然要助力于实现学校育人目标，即"培养具有中国灵魂、国际视野和跨文化交流能力的社会主义建设者和接班人"。在《中国学生发展核心素养》框架的基础上，结合"全人教育"理念，北京市二十一世纪学校提出了"全人教育核心素养"，如图 2-1 所示。

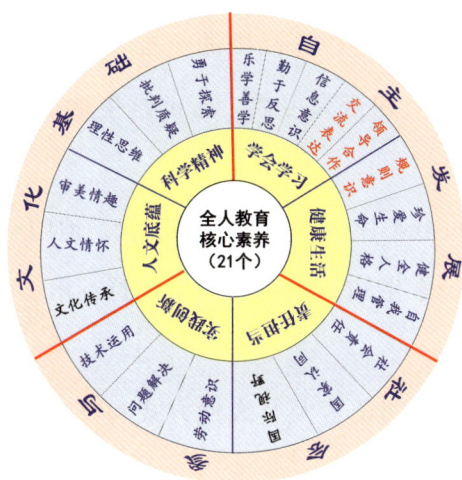

图 2-1　全人教育核心素养

电影课程作为学校十二年一贯制课程中的重要课程，其课程目标自然要助力于实现学校育人目标。

综上所述，北京市二十一世纪学校将电影课程定位为德育课程，认为其是思想道德教育的一种途径、认识社会生活的一种渠道，形成了电影课程定位与目标示意图，如图2-2所示。

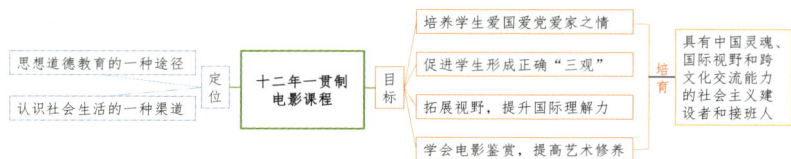

图2-2　电影课程定位与目标示意图

在此定位下，提出了四个目标。

第一，通过电影，让学生更多地了解中国共产党、中华民族、中国人民的故事，培养学生的中国灵魂，激发学生对党、对国家和对人民的热爱，增强对"四个自信"的理解与认同。

第二，深入学习影视作品中的英雄、先进人物等，培养学生良好的心理品质和行为习惯，帮助学生形成正确的世界观、人生观、价值观。

第三，通过电影让学生了解不同国家、地区、民族的地域、文化特色，增长学生知识，拓展学生视野，培养学生的国际理解能力。

第四，了解电影语言及其表达方式和方法，学习电影欣赏和评述的方法，增强电影鉴赏能力，由一般的观看影片升华到读懂电影的新高度，并能对影视作品发表评论，提升艺术修养。

上述电影课程定位和目标从宏观层面决定了电影课程的最终样态。电影课程的总目标不宜太过细化，以上四点也只是电影课程较为重要的四个目标。教师在具体实施教学时，应该根据学情，结合具体的电影内容来进一步地细化每节电影课的教学目标。正如后现代课程论的代表学者多尔认为："教育目标是丰富多变的，不断生成的，是教师和学生在互动性活动中共同建立的；在过程开展之前，目标只能以一般的甚至是'模糊'的词汇来描绘。"我们在电影课程的教学实践过程中也深刻感受到了这点。由于电影是一种综合的载体，一部好电影往往覆盖很多内容，所以在观影、课堂讨论，以及课后思考过程中，不同的学生会有不同的收获。

总的来说，教师在上课之初，可以不用强求具体、详细的电影课堂教学目标；教师在教学实践中，以课程定位和总目标为指导，选择电影，设计教学环节；在具体教学时，因势利导，助力学生成长；在电影课后，反思课堂教学，必要时通过与学生访谈交流，进一步修改课堂教学目标。

## 二、如何设计电影课程内容

电影课程内容，从狭义角度看就是具体的影片。从广义角度看，除了具体影片之外，还包括与影片相关的一些知识，如影片中故事发生的历史背景、运用的拍摄手法等；与电影相关的实践活动，如主题班会、电影节等。

在设计具体的电影课程内容之前，首先要确定电影课程的整体框架。课程框架要根据课程目标，结合具体的校情、学情来确定。

课题组所在的学校为十二年一贯制学校，将电影课程定位为德育课程，以培养学生的家国情怀和正确三观为主要目标，这些也决定了电影课程应该为一门十二年一贯制课程。

在参考伯克毕生发展心理学和美国精神分析学以及心理学家爱利克·埃里克森（Erik H. Erikson）的人格社会心理发展理论的基础上，北京市二十一世纪学校将十二年一贯制电影课程划分为四个学段，制定了电影课程的分段实施规划，如表 2-1 所示。

表 2-1　电影课程分段实施规划

| 学段 | 电影课程 |
| --- | --- |
| 第一学段（1—3 年级） | 电影观看与感知：<br>童年初期，学生只需做到初步的观看与感受，对世界有基本认知 |
| 第二学段（4—6 年级） | 电影观赏与品知：<br>童年后期，青春期前期，学生们对电影能有更多面的认识；并通过电影进一步认识自我，感知世界 |
| 第三学段（7—9 年级） | 电影欣赏与品析：<br>青春期阶段，学生们可以更加理性地思考一部影片，并加以分析；透过电影，进一步理解社会、理解他人 |
| 第四学段（10—12 年级） | 电影赏析与创作：<br>学生们可以从专业领域进行学习，并尝试着进行创作；借助电影，对社会的认识更理性、清晰，理解社会多元价值观 |

学生每月上一次电影课，学习一部经典电影。一个学年 8 部（12 年 96 部），每个学段之间增加一部过渡电影（共 4 部），整个电影课程共有 100 部经典影片。这百部经典影片是电影课程的重要内容，应当如何选择这些影片呢？通过文献研究发现，很多学校都通过定主题的方式来选择电影。如有所小学在开设电影课程时，将一个年级设为一个主题，如一年级为"养成教育"，二年级为"感恩回报"，三年级为"科技环保"，四年级为"团队合作"，五年级为"低碳环保和安全"，六年级为"心理健康"，然后根据主题来选择影片。

课题组经过研究后认为，这种方式的优点在于课程内容结构更加清晰，便于教师选择电影；其缺点在于容易引发学生的审美疲劳，因为同一主题的电影，其故事情节、表现手法等往往会有一定相似点。于是，课题组采用了折中的处理办法，在充分考虑课程目标的基础上，形成了电影课程的八大主题（如表 2-2 所示）。八大主题可以更好地引导教师去选择电影。建议教师尽量按照主题及解析去选择电影，在后期更换电影时，也尽量实现同主题替换。当然，不需要一刀切地规定每个年级的八部电影都要包含这八大主题，教师应该根据学生的年龄特点、影片主题特点等来选择。比如以"中国灵魂"为主题的红色主旋律电影，低年级可以多安排几部，一是因为爱国主义教育要从小做起；二是因为红色主旋律电影多是战争题材，情节相对简单，适合低年级学生看；三是有些主题电影如"青春同行"等，适合低年级学生的相对较少，正好用红色主旋律电影来补充。

表2-2　八大主题及解析

| 序号 | 主题 | 主题解析 |
|---|---|---|
| 1 | 中国灵魂 | 讲述历史故事、彰显家国情怀的电影，以红色电影为主，培养学生的爱国情怀 |
| 2 | 自我认同 | 讲述主人公自我认同、自我成长的电影，引导学生树立成长目标，实现自我成长 |
| 3 | 社会责任 | 聚焦现实，传递社会责任感的电影，引导学生感受人间大爱，懂得担当 |
| 4 | 情感体悟 | 凸显亲情、师生情、友情等情感元素的电影，使学生学会尊重他人、爱他人 |
| 5 | 生命认知 | 涉及安全、健康、生死等主题的电影，让学生懂得珍惜生命、学会生存之道 |
| 6 | 自然之歌 | 赞颂自然之美的电影，让学生明白人与自然应当和谐共生、相互依存 |
| 7 | 文明感召 | 介绍中华优秀传统文化及世界文明的电影，引导学生知礼节，坚守道德准则 |
| 8 | 青春同行 | 讲述学生成长道路上青春故事的电影，助力形成良好的同伴关系、家校关系、师生关系 |

在八大主题的指导下，设计电影课程的具体内容时，要求每个年级的电影课程授课教师都要先填写电影信息卡，说清楚如表2-3所示的几项内容。

表 2-3 电影信息卡

| 项目 | 说明 |
|---|---|
| 电影信息 | 名称、类别（中国 / 其他制片国家＋真人 / 动画）、电影简介（200 字左右）、电影时长、拍摄年代、主要导演、演员等 |
| 推荐使用年级及该年级学生学情分析 | 分析该年级学生的心理、认知、情绪等，建议参考伯克毕生发展心理学 |
| 主要教育目标 | 参考学生发展核心素养填写，如培养学生珍爱生命的意识、学会自我管理、提高国家认同等 |
| 获奖 / 推荐理由 | 推荐该电影的理由，从对学生的教育意义、已有评价等方面说明 |

课题组成员根据电影信息卡中的内容，研讨确定选择哪些影片。在后期建立影视资源库时，也参照信息卡来建立影片档案。

在确定影片后，授课教师要多次观看影片，熟悉情节、了解背景、提炼梗概、剖析人物、寻找亮点、总结意义、联系实际、延展阅读、撰写教学设计、编写读本等。关于电影课程读本和电影课程拓展活动的相关内容将在后文详细介绍。

## 三、如何实施电影课程

谈到电影课程的实施，很多中小学教育工作者都会有这样的困惑。

困惑 1：现在中小学课时如此紧张，哪里有时间上电影课？即使有时间，又应该以何种形式上电影课呢？

困惑 2：学校资源有限，在哪里上电影课？我们要建设专门的电影教室吗？还是直接让学生到学校附近的电影院里去上课？

困惑 3：谁来上电影课？我们学校没有专门的电影课教师，怎么办？

课题组在开发电影课程时，也曾面临过以上问题，在针对电影课程的上课形式、时间、空间及师资问题开展研究后，形成了如下结论。

## （一）实施形式

前边说过，课程的实施形式本质上是由课程目标和课程内容决定的。课题组把十二年一贯制电影课程定位为德育课程，让全校学生参与，每个年级每月上一次电影课，欣赏一部电影。在这种情况下，适合采用年级大课的形式，由一位教师统一授课。这样的实施方式，不仅效率高，更有观影的氛围感，也充分考虑了同一年级学生心智水平、欣赏水平等相似的重要因素。在实践中，调查数据显示，95% 以上的学生均认为这样的形式"为他们的学习生活增添了色彩""创造了同学之间特别的相处机会，留下了独特、美好的回忆"。

## （二）实施时间

电影课程的实施时间要根据校情来定。北京市二十一世纪学校为寄宿制学校，晚饭后到就寝前的时间，可以安排上电影课，一月一次，不会影响学生的正常学习。

考虑到学校也有部分小学生走读，因此会提前通知家长，等晚上电影课结束后再接孩子回家。

对于非寄宿制学校，完全可以充分利用课后服务时间或晚上时间来上电影课，家长和学生对于一月一次的安排一般都可以接受。

### （三）实施地点

电影课程的实施地点可以选择在学校的教室、报告厅、会议室等。若条件允许，也可以到附近的影院上课。但一般来说，现在学校大多有报告厅、礼堂等，同时配有大屏幕和影像设备，完全可以满足电影课的需求。

### （四）实施人员

电影课程的实施人员包括电影课程教师和教学支持人员。

每个年级应该配备电影课程教师，最好从当前年级的授课教师中选择，至少也要从当前学段中选择，如第一学段电影课程教师，即小学低学段要从1—3年级教师中选择；第四学段电影课程教师要从高中部教师中选择。不建议一位教师承担1—12年级的电影课程，因为每个学段学生的身心特点不同，所适合的教学方式也不一样。一位教师很难准确把握各年级学生的身心特点，也很难做到教学风格、教学方式的快速转换。也正是这个原因，一般不建议从校外机构聘请专业教师。但若是校外机构的教师能稳定地为学生提供高质量的服务，且校内确实难以找到合适的教师兼职时，也可以考虑引入校外师资。

那么从相关学段中优先选择哪些学科的教师来兼任电影课程的授课教师呢？建议根据电影课程的目标来确定。例如，当我们将电影课程定位为德育课程时，建议优先选择道德与法治教师、语文教师等担任电影授课教师。

建议学校在电影课程授课教师确定后，建立电影课程教研组，安排优秀教师担任组长，定期开展电影课程教研活动，以长期、持续推进电影课程发展。例如，每学期至少召开一次电影课程教师培训活动；一学期或一年召开一次电影课程成果汇报会；各学段每月召开一次教研活动等。

教学支持人员，主要包括负责电影课音像设备的技术人员及随班听课的班主任等。当然，教学支持人员是否每次都需要，要根据学校的具体情况而定。

### （五）实施资源保障

学校要顺利开展电影课程，还需要提供一定的资金、教学资源，并制定保障制度，获得学校其他教师的支持。

　　在资金方面，一是按照学校的课时费标准支付电影课程教师课酬。二是学校支付开展电影课程活动和研究的相关费用，如购买账号、购买书籍、外出参加培训的费用等。这两方面是学校必须提供的。在此基础上，建议结合学校原有的奖励制度，对电影课程组和教师提供一些奖励，如北京市二十一世纪学校根据学校的《学术积分奖励制度》和《一贯制课程评价激励制度》，给电影课程教师相应的学术积分，兑换相应的物质奖励。

　　在教学资源方面，一是建议学校建立电影资源库及其更新机制，安排专门人员负责资源库维护。二是编写并定期更新包含 100 个教学设计的《电影课程教学案例集》，该案例集能让教师快速掌握电影课程的教学方法，即使授课教师有人员变动，新任授课教师也能快速上手。三是定期修订电影课程的 12 本学生读本，这也是保证课程实施质量的重要教学资源。

　　在制度保障方面，建议学校将电影课程时间安排表推送给全校教师，要求各科教师在本年级学生每月上电影课的那一天，尽量少留或不留作业；各科教师不得占用上电影课时间安排学生单独辅导等活动，要从思想意识上把电影课当作一门课程来对待，保证学生出勤，保证课程实施质量。

# 第三章　电影课程的内容选择

电影课程的内容主要就是电影。选择什么样的电影，才能落实学校电影课程的育人目标？什么样的电影适合不同学段的学生心理特点和成长规律？怎样选择电影，才能满足学生的成长需求？对此，课题组做了很多思考，并在教学实践中形成了选择电影的四个标准和四个操作建议。

## 一、选择电影的四个标准

### （一）考虑电影的德育价值，助力实现"立德树人"的教育总目标

选择电影时，首先要考虑电影的德育价值，即有助于实现"立德树人"的教育总目标。原因有以下两点。

第一，立德树人是当前教育的重要任务。党的十八大明确

指出：把立德树人作为教育的根本任务，培养德智体美劳全面发展的社会主义建设者和接班人。党的十九大提出"落实立德树人根本任务"。在全国教育大会上，习近平总书记强调："把立德树人融入思想道德教育、文化知识教育、社会实践教育各环节，贯穿基础教育、职业教育、高等教育等教育各领域。"党的二十大再次明确强调："落实立德树人根本任务，培养德智体美劳全面发展的社会主义建设者和接班人。"从党的文件中可以看出，我们要将德育放在学校工作的首要位置，任何教育活动，都要先回答两个问题：我们做这项活动是在培养什么人？为谁培养人？电影课程的内容选择也应该坚持这个原则。《教育部 中共中央宣传部关于加强中小学影视教育的指导意见》对于电影课程的价值这样阐述："通过加强中小学影视教育，着力在坚定理想信念、厚植爱国主义情怀、加强品德修养、增长知识见识、培养奋斗精神、增强综合素质上下功夫，努力构建德智体美劳全面培养的教育体系，对于激发学生对党、国家和人民的热爱，增强对'四个自信'的理解与认同，对于从小养成良好思想道德、心理品质和行为习惯，形成正确的世界观、人生观、价值观，对于提高学生审美和人文素养，形成健康文明的生活方式等具有重要意义。"

第二，重视电影的德育功能，是落实学校育人目标、落实电影课程目标的要求。如北京市二十一世纪学校自1993年创建以来，一直以"面向二十一世纪，做豪迈的中国人"的校训为指导，其目标就是把学生培养成为具有中国灵魂、国际视野与跨文化交流能力的社会主义建设者和接班人。学校的电影课程要助力于实现学校的育人目标，电影课程目标的第一条就是"要培养学生中国灵魂，激发学生对党、国家和人民的热爱"，只有选择有德育价值的电影，才能有效地落实电影课程目标、落实学校的育人目标。

很多老师可能会提出，那我们就选择《建党伟业》《勇士》《国歌》《鸡毛信》等红色电影吧。这些经典红色电影的德育价值是毋庸置疑的，但若都是这些电影，势必会让电影课程过于单调，引起学生的审美疲劳，影响电影课程的受欢迎程度。而德育价值，除了从红色主题影片中挖掘之外，还可以从其他主题影片中挖掘。我们以北京市二十一世纪学校九年级电影课程第一课《我不是药神》为例，看如何挖掘这部电影的德育价值，以落实立德树人总目标。

第一，选片时，发现影片内容自身的德育价值。在影片中，主人公从最初被金钱利益驱使，走私外国药，到最后良心发现，真正愿意帮助癌症患者，反映了人性光辉的一面，既有对现实的剖析，又有对社会美好生活的向往。电影的教育作用一般可以从正面和反面两个方面进行，即除了通过对生活的正面审美评价，也可以通过对生活中丑恶的现象做出反面的审美评价来起到道德教育、美学教育、理想教育的作用。这部电影可以说正反两方面均有，且根据真实故事改编，更能触动学生的内心，对其形成正确的世界观、人生观、价值观有积极的引导作用。

第二，备课时，根据影片包含的社会现象和伦理道德，搜集相关的社会新闻和时事材料，发挥其中的德育价值。在《我不是药神》这部影片的影响下，国家积极鼓励抗癌药物的扩大研发，并将部分抗癌药物纳入医保，真正做到"以人为本，便民利民"，让学生真实地看到、感受到，我们社会主义国家的优越性，资本主义国家把资本家的利益放在首位，我们社会主义国家把人民的利益放在首位。我们的国家制度在逐步完善，我国的社会环境在不断进步，即使仍存在一些问题，国家也在积极地逐步解决中，这样，民族自豪感和自信心悄然而生。同时，影片也在潜移默化中影响学生：把自己的理想信念与社会的进步、国家的发展相结合，承担起一个公民应尽的责任和义务。

第三，上课时，合理使用社会新闻和时事材料，让学生带着疑问去观看影片，在影片情境中寻找答案，最后形成自己的认识，这比教师直接告诉他们"大道理"，有更好的德育效果。这也是电影课程的优势所在，是任何课程所无法比拟的。通过这类影片，学生能够身临其境地了解社会现状，认识到社会生活中法律与道德相辅相成，共同引导和规范着人们的行为；教导学生从小遵纪守法，珍爱生命，继承和发扬友善、团结、关爱等传统美德，真正践行社会主义核心价值观。

第四，用好观影后的反思环节，引导学生形成正确认知。在《我不是药神》这部影片观影后的讨论中，有的同学看到了人性的光辉；有的同学看到了要遵守法律；还有的同学看到了亲情友情等。有学生谈道："医药企业因为资金投入巨大且研发周期较长，导致高端药品价格昂贵，要求降价虽然能让很多患者受益，但也要注意保护医药企业的利益，否则不利于药品研发的可持续发展。使用盗版药是不对的，要保护知识产权，尊重研发人员的劳动成果。"还有学生说道："看完影片后，我觉得我们不仅要关注社会现状，更要关爱自己的生命健康。"这些不正是在落实电影课程立德树人的课程目标吗？

从上面的例子中我们可以发现：选择有德育价值的电影并不难，只要我们有德育的意识，在多个环节中充分挖掘影片的德育价值，就能够发现很多具有德育价值的电影，而不仅仅局限于红色经典电影。

### （二）选择适合学生年龄的影片

不论电影多有价值，学生喜欢看、能看懂才能充分发挥出电影的育人价值。以1993年上映、由陈凯歌执导的电影《霸王别姬》为例，该片1993年荣获法国戛纳国际电影节最高奖项金棕榈大奖，成为首部获此殊荣的中国影片，还获得了美国金球奖最佳外语片奖、国际影评人联盟大奖等多项国际大奖。2005年，该片入选美国《时代周刊》评出的"全球史上百部最佳电影"。可见，该片毋庸置疑是一部好电影。但这样的电影就一定适合学生观看吗？实践是检验真理的唯一标准，课题组曾经尝试给十二年级的学生观看这部电影，但观影后，学生的反馈并不好，大多数学生看不懂，看不出这部电影好在哪里，不能理解这部电影为何会有如此高的评价。于是，之后这部电影就再也没有出现在电影课程的课堂上了。

那么，究竟怎样为不同年龄段的学生选取适合的电影呢？其实这个问题很难有准确的答案。电影课程授课教师通常通过以下几种方式来判断一部影片是否适合自己所教年级的学生观看。

一是在网上查找资料，通过阅读影片介绍、影评等来进行初步判断。

二是基于伯克毕生发展心理学，根据不同年龄段学生的认知心理、情绪等差异和不同，选择具有针对性育人目标的影片。以十二年一贯制电影课程九年级电影为例，九年级学生的认知心理特点是：产生成人感，自我意识向独立成熟方向发展；独立性和依赖性并存，对家长和老师的态度产生怀疑和抵触；自我评价能力提高，进入到一个"自我发展"的新阶段；自尊心增强，不断认知自我价值；片面性和表面性依然存在，表现为比较偏执、内心孤独、逆反情绪等。在分析九年级学生的特点后，我们选择了《这个杀手不太冷》《楚门的世界》这类电影，因为它们能够满足学生对未知领域的好奇心，同时对于形成独立的人格意识也有积极帮助；选择《我不是药神》《暴裂无声》这类电影，因为它们可以让学生对社会现象有一定的了解和判断，进而对于学生的"自我发展"和"自我认知"产生积极影响；由于毕业考试和升学的压力，学生会产生一定的焦虑心理，需要得到来自家人、同学、老师以及社会的认可，选择《一点就到家》《五个扑水的少年》《国王的演讲》等影片，因为这些影片能够帮助学生明白，他们并不孤独，一直在获得来自家人、朋友和同学的认可与帮助，有利于疏导这个年龄段学生的逆反情绪。同时，也有爱国主义教育方面的影片，比如《湄公河行动》《智取威虎山》，这类影片能够引导学生做一个对国家和社会有贡献的社会公民，培养学生的家国情怀。

三是通过问卷调查和访谈等，及时了解学生的观影需求和观影后的感受。比如选片前期可以访谈看过该电影的学生、教师和家长，辩证地进行分析；在每学期末进行一次问卷调查，让学生给本学期观看的每一部电影打分；从电影类型、电影主题等方面调研学生的观影喜好（如图3-1所示）；此外，还会让学生推荐一部或几部好电影。这样，电影课程授课教师就能及时掌握学生反馈的信息，了解学生的需求，合理有度地更换个别影片，并掌握一些选片经验，如低年级的学生更喜欢动画片，适合看剧情简单的影片；高年级学生更喜欢真人电影，希望电影有一定的深度。北京市二十一世纪学校的电影课题组最初考虑到小学低学段（1—3年级）学生的认知水平较低，在电影选择上偏重于动画片，但在学期末的问卷调查中发现，学生也表达出对真人电影的喜爱，并要求在电影课程中增加真人电影的数量。因此，课题组决定进行调整：小学低学段每学年的8部影片中，一年级依然全部选择动画片，二年级和三年级保留2部动画片，其余6部更换为真人电影。

四是依据自己多年的教学经验及学生的学情，分析学生的需求、评估学生的认知能力，并进行判断。例如，一年级学生入学后亟须融入集体、认识自己，玩具又是他们非常熟悉的话题，因此选择《玩具总动员》作为一年级的第一部电影就非常合适。而随着年龄增长，学生的自我意识增强，同伴关系问题凸显，于是，四年级以反霸凌为主题的《别惹蚂蚁》就是另一场及时雨。这也是为什么选择电影课程授课教师时，建议要尽量从本年级或本学段的教师中进行选择。

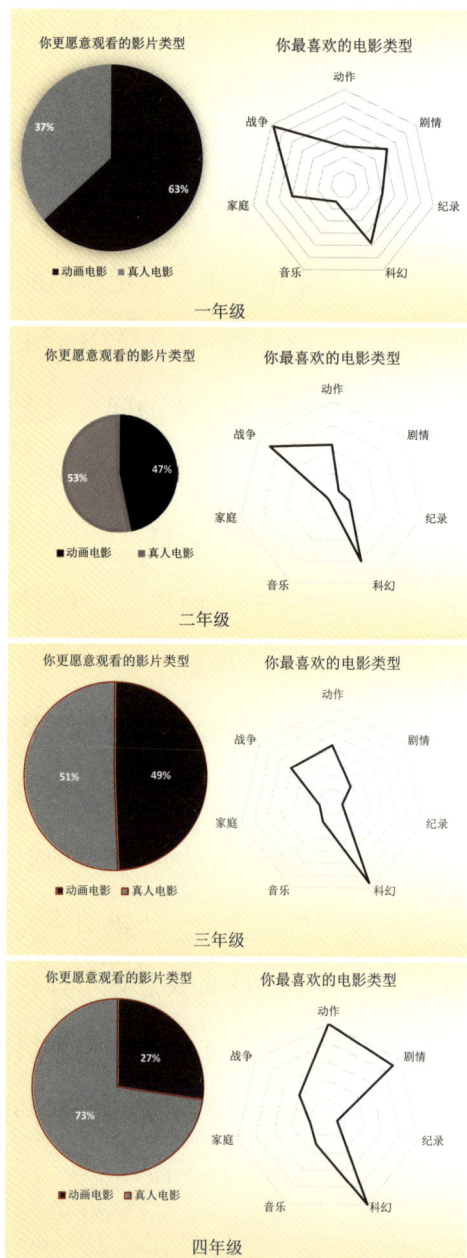

图 3-1 学生观影喜好问卷调查统计结果

## （三）促进学生全面发展，助力培养核心素养

国家提出了中国学生发展核心素养总框架，包含 18 个核心素养。

北京市二十一世纪学校的教育理念是全人教育，在国家 18 条核心素养的基础上构建了北京市二十一世纪学校全人教育的 21 个核心素养（如图 3-2 所示）。

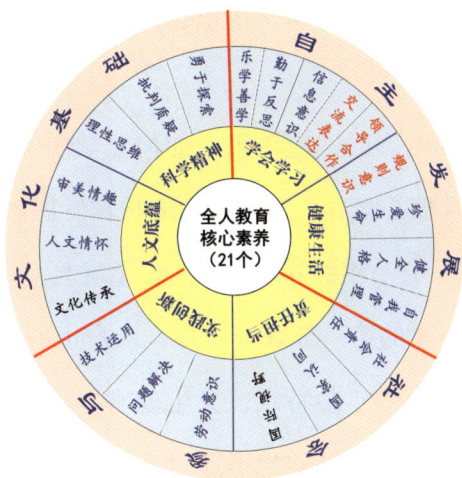

图 3-2　全人教育核心素养

在选择电影时，课题组对落实全人教育的 21 个核心素养有如下思考：这 21 个核心素养，从自主发展、文化基础、社会参与三个大的维度，从学会学习、健康生活、科学精神、人文底蕴、实践创新、责任担当六个层面出发，站在"以人为本，立德树人"的角度看，电影课程对于学生个体认识自我、培养自

信、懂得自立、学会自强有着特别的现实意义。这四个方面的区别是：自我，对自己的存在状态和社会角色进行评价；自信，保持一种积极健康的心理状态；自立，学会选择，学会独立；自强，努力向上，奋发图强。选择电影就是要在立德树人根本思想的指导下，选择能让学生观影后获得多方面成长，培养这些核心素养的优秀影片。建议教师在挑选电影时，把这部影片中所涉及的核心素养写出来，后期可以放在教学设计的主题一栏中，并设计成如图3-3所示的电影核心素养分析图，更为直观和清晰。

教师在挑选电影时，应该思考如何让学生通过电影课程内容的学习，提升核心素养，为将来的成长和发展做好准备。

以电影课程中一年级第一课为例，《玩具总动员》作为一年级学生踏入小学的第一节观影影片，以身边的玩具为切入点，既符合一年级学生的年龄特点，又生动有趣贴近生活，能够引发学生的观影兴趣，帮助学生迅速融入到故事当中，感受主人公与其他玩具相处过程中的情感变化，让学生理解集体生活的相处之道是学会接纳和宽容，学会为他人着想；帮助学生们顺利融入学校生活，并获得参与感与成就感，从而热爱新学校，热爱新生活。这部电影与核心素养"人文底蕴"中的要点"人文情怀"有较高的契合度。

## 一年级电影课程设置框架图

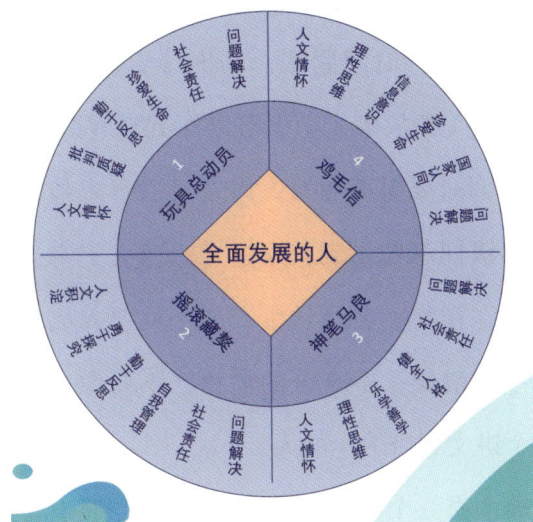

## 一年级电影课程设置框架图

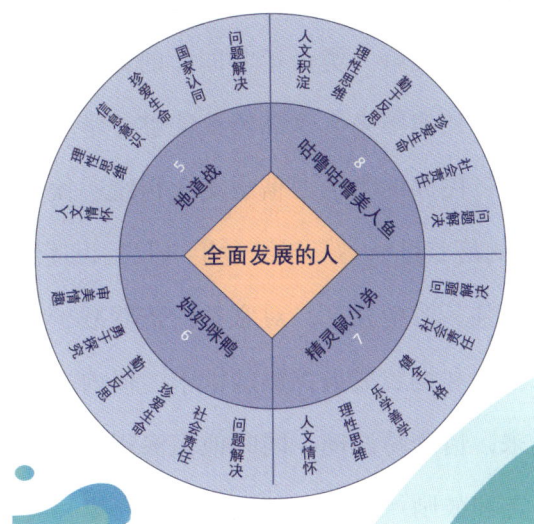

图 3-3　一年级 8 部电影核心素养分析图

再以二年级的电影《邋遢大王奇遇记》为例。二年级的学生已经有了一年的学习经验，有了一定的生活自理基础，但是也常常会因为懒惰、时间紧张、马虎等原因而忽视个人卫生。通过"邋遢大王"的故事，学生可以深刻理解讲卫生的重要性，并懂得遇到问题时要勇敢面对，以及可以寻求他人的帮助来解决问题。二年级同学曾讲到，通过《邋遢大王奇遇记》这部影片，他明白了，作为一名小学生，从小就要养成良好的生活习惯，要勤洗手、洗澡，不吃脏的食物，不要像"邋遢大王"一样，要做一个讲文明讲卫生的人。

核心素养中有一个要点"国际理解"，指具有全球意识和开放的心态，了解人类文明进程和世界发展动态；能尊重世界各国文化的多样性和差异性，积极参与跨文化交流；关注人类面临的全球性挑战，理解人类命运共同体的内涵与价值等。三年级第三课《孙子从美国来》这部影片能够让学生了解并尊重不同国家、地区、民族的生活习俗、文化传统、饮食习惯，符合"国际理解"的培养目标。三年级学生自我意识逐渐发展，自我认同感逐渐增强，渴望独立，对家长的依赖减少，此时表现出强烈的要求独立和摆脱成人控制的欲求，但内心的自控能力又尚未发展起来，情绪易波动。同时他们渴望发展同伴友情、亲情，向往肯定和鼓励。因此，在三年级选择影片《孙子从美国来》就非常符合学生特点，大到国与国之间的文化交融，小到人与人之间的理解包容，都可以在这部影片中找到答案。这部影片能够帮助学生学会包容不同文化，提高自己的理解力、包容力，学会宽容地接纳身边的人。

### （四）严格控制限制性元素

目前，在一些电影中，有一些镜头是不适合给学生观看的，如暴力场面、裸露场面、惊悚恐怖镜头等；有一些故事情节或言语，或容易让学生产生误解，或会给学生留下心理阴影，或会给学生不良的暗示等，总之，这些观看后会对学生的健康成长起反作用的元素，都可以称之为限制性元素。这些限制性元素在电影课程中一定要严格控制，尽量不使用有限制性元素的电影。如果有一些电影，整体的育人价值很高，但其中有一些镜头属于限制性元素，我们可以试着通过技术手段把这些镜头剪辑掉。

其实，国外一些国家和地区有相应的电影评级制度，我国香港和台湾地区，也都有相应的电影评级制度，有很多值得我们借鉴的经验。例如美国、马来西亚、加拿大、新加坡，在基础层面上，他们划分了 13 岁、14 岁、16 岁、18 岁等多个年龄层级；更细致的，有的国家，对于适合不同年龄的电影中的暴力场面、裸露场面、惊悚恐怖镜头等都是有详细要求的，甚至对于每一段对话的表述，都有"符合适龄儿童表达"的要求。

我们若是选择这些国家和地区的电影，那么电影的评级必然是我们参考的一个重要标准。我国教育部每年都会推出优秀影片片目，也能给我们提供一些参考，这点将在操作建议中详细介绍。

除了常规的暴力、色情等限制性因素外，还要特别强调两点注意事项。

一是要注意敏感话题或西方宗教意识形态等问题。如北京市二十一世纪学校曾准备将《寻梦环游记》等电影放入课程中，但在海淀区教科院专家审核校本课程时，对这部电影提出了质疑，认为这部电影涉及墨西哥宗教信仰问题，建议更换。

二是近几年国家大力整顿演艺界娱乐圈，对于有不良记录和不良行为的导演和演员，所涉及的片源都会下架。中小学电影课程也需响应国家政策，适时替换这样的影片。在选择电影时，更要有意识地避免出现此类问题。

## 二、选择电影的四个操作建议

### （一）优先考虑教育部推荐片目

在教育部官方网站中，我们在右上角的搜索框里搜索"向全国中小学生推荐优秀影片片目"，就会出现教育部办公厅、中共中央宣传部办公厅关于印发《第××批向全国中小学生推荐优秀影片目录》等一系列通知。全国中小学生影视教育协调工作委员会自 1997 年 4 月至 2023 年 4 月，共向全国中小学生推荐 41 批约 500 部影片。在推荐影片目录中，通常会列出"推荐中小学生观看的影片""推荐小学生观看的影片""推荐中学生观看的影片"，共十几部国产电影。为方便大家查看，在本书的附录中列出了 41 批次推荐电影的影片片名。对于以后新推荐的片目，大家可以按上述方法在教育部官网中查找。若遇到片名重名的问题，也可以在教育部的文件中查看该部影片的制作单位。

中小学教师在选择电影时，从教育部约 500 部的推荐片目中选择是首选的操作方法。可以说，教育部所推荐的影片都是最适合学生观看的优质影片，是最能代表中国声音和中国力量的影片，对于中小学生具有积极的价值引导作用。此外，建议按照时间由近及远，批次由后向前的顺序进行筛选。因为新推荐的影片一般是近几年拍摄的，拍摄质量较高、清晰度好，能带给学生更好的视觉享受；同时，新的影片故事选材更接近学生的生活实际，能给学生更好的代入感和认同感。

以北京市二十一世纪学校电影课程的电影选择为例，在最初的电影选取中，根据教育部推荐的电影名录选取了《宝莲灯》《厉害了，我的国》《动物狂欢节》等电影。随着教育部推荐电影名录的逐年增加，电影课程组的老师们又从更新的影片中选取了《我们诞生在中国》《咕噜咕噜美人鱼》《流浪地球》《我和我的祖国》等电影来替换以前部分时代较久远的电影。

## （二）参考国内外其他影评机构的评选结果

由于电影课程授课教师大多不是影视专业毕业，对电影的欣赏解读能力不及专业机构的专业人士；而国内外影评机构的评选结果部分来自专业人士，部分来自普通观众，两者兼顾，对我们选择电影有较高的参考价值，所以，我们在优先考虑教育部推荐片目的基础上，也需要参考国内外其他影评机构的评选结果。之所以不能只参考教育部推荐片目，原因有两点：一是教育部推荐的约 500 部电影，我们不可能都放到课程中，需要从中进行二次选择。二是我们的电影课程中也需要引入一些优秀的外国电影，以拓展学生的视野，提升学生的国际理解能力。

国内我们可以参考中国电影"童牛奖"获奖影片、中国国际儿童电影节获奖片目，也可以在豆瓣电影评分等网站上查询大众对电影的评价。国外可以参考 BFI、Education、Film 等网站的推荐片目，以及各大国际儿童电影节的参赛、获奖影片。

下面列出一些影评网址供大家参考：

豆瓣：https://movie.douban.com/（国内）

Mtime（时光网）：http：//film.mtime.com/timemsg（国内）

猫眼电影：https：//www.maoyan.com/（国内）

IMDb：https：//www.imdb.com/（国外）

Metacritic：https：//www.metacritic.com/movie（国外）

Rotten Tomatoes（烂番茄）：https：//www.rottentomatoes.com/
（国外）

Fandango：https：//www.fandango.com/（国外）

## （三）建立学校电影课程资源库

学校电影课程资源库的主要作用有三点：一是为更新电影
课程内容做准备；二是为学生及家长周末或假期观影提供优质
的电影；三是为班主任、心理教师、语文教师等开展主题活动、
心理辅导、名著阅读等活动提供支持素材。

如何建立电影资源库？在最初选择电影时，课题组教师通
过多种渠道会选择出一批电影，这些电影一部分会成为电影课
程的教学内容，而我们还可以从剩下的电影中选出一批电影，
按照电影信息卡建立电影档案，放入电影资源库。此外，在电
影课程开展过程中，每年都应组织老师和学生通过问卷调查或
访谈等形式来推荐优秀影片，课题组教师对推荐影片进行筛选
后会将其收入学校电影课程资源库。通过以上两种方式，学校
的电影资源库能顺利建立并不断丰富，并在一定程度上给予了

学生参与选片的权利。

### （四）学校可明确具体要求

为了选出能有效落实课程目标、符合学生身心发展需要的电影，学校可以规定一些选择电影的具体要求。例如，北京市二十一世纪学校在选片时曾对老师提出了国内外影片所占比重的要求。在最初组织学生集中观影时，课程组想以电影为载体进一步提升学生的英语水平，扩展国际视野，增强国际文化理解能力，因此，按照国产影片与国外影片 1:3 的比例选择电影。后来，当课程组将电影课程定位为德育课程时，为了更好地弘扬社会主义核心价值观，加强中小学生爱国主义教育，又将国产影片和国外影片的比重调整为 3:1。

## 三、世纪电影课程中的百部影片

在综合考虑上述诸多因素后，北京市二十一世纪学校目前确定的百部经典影片如表 3-1 所示。

表 3-1　电影课程中的百部经典影片（2022 年 6 月修订）

| 学段 | 授课电影 | 过渡电影 |
|---|---|---|
| 第一学段 | 一年级:《玩具总动员》《地道战》《神笔马良》《摇滚藏獒》《妈妈咪鸭》《精灵鼠小弟》《鸡毛信》《咕噜咕噜美人鱼》8 部<br>二年级:《宝莲灯》《狮子王》《天书奇谭》《我的九月》《邋遢大王奇遇记》《小王子》《小兵张嘎》《黑猫警长》8 部<br>三年级:《闪闪的红星》《你看起来好像很好吃》《四个小伙伴》《孙子从美国来》《鼠来宝》《家在水草丰茂的地方》《有人赞美聪慧，有人则不》《暑假作业》8 部 | 《大圣归来》 |
| 第二学段 | 四年级:《奔跑的少年》《别惹蚂蚁》《长江 7 号》《扬起你的笑脸》《一个都不能少》《海洋奇缘》《妈妈再爱我一次》《钱学森》8 部<br>五年级:《情归周恩来》《草房子》《棋王和他的儿子》《冰上轻驰》《国歌》《冲出亚马逊》《宝葫芦的秘密》《艾特熊和赛娜鼠》8 部<br>六年级:《奇迹男孩》《勇士》《城南旧事》《流浪地球》《袁隆平》《十二公民》《建党伟业》《小鞋子》8 部 | 《厉害了，我的国》 |
| 第三学段 | 七年级:《我们诞生在中国》《哪吒之魔童降世》《八佰》《欢乐好声音》《我和我的父辈》《快把我哥带走》《绝杀慕尼黑》《奇迹·笨小孩》8 部<br>八年级:《老师好》《飞驰人生》《星际穿越》《网络迷踪》《可可西里》《闪光少女》《战狼 2》《何以为家》8 部<br>九年级:《我不是药神》《五个扑水的少年》《这个杀手不太冷》《湄公河行动》《国王的演讲》《智取威虎山》《楚门的世界》《暴裂无声》8 部 | 《一点就到家》 |

续表

| 学段 | 授课电影 | 过渡电影 |
|------|---------|---------|
| 第四学段 | 十年级:《辛德勒的名单》《烈日灼心》《悲伤逆流成河》《芳华》《逆光飞翔》《美丽人生》《风声》《天下无贼》8部<br>十一年级:《岁月神偷》《闻香识女人》《百鸟朝凤》《三傻大闹宝莱坞》《活着》《甲方乙方》《卧虎藏龙》《功夫》8部<br>十二年级:《茶馆》《红海行动》《唐山大地震》《开心家族》《银河补习班》《触不可及》《新龙门客栈》《1942》8部 | 《我的父亲母亲》 |

影片不是一成不变的,电影课程组的老师们会根据学期末的学生问卷,替换掉评价比较低的电影,也会综合考虑家长问卷、教师问卷中的一些建议,同时将发现的一些新的优秀电影补充入影片资源库,由此不断优化和更新电影课程的内容。

## 四、从教师视角看电影选择

北京市二十一世纪学校的电影课程内容已经历过数次迭代更新,老师们在选择和替换电影的过程中也形成了自己的一些经验。课题组从每个学段选择了一位教师进行访谈,将其选片感受和经验分享给大家。

### (一)盛蕾老师:选择影片的"3+1"原则

十年级(高一)电影课程的授课教师盛蕾老师很早就加入

了电影课程团队。她一共经历了三次电影课程内容的大调整。最初选择电影时，电影课程课题组公布了一批电影推荐目录，盛老师从电影主题和拍摄手法着手，选择了 6 部国外电影与 2 部国产电影。在电影课程定位为德育课程，课题组进一步明确课程目标后，学校要求教师调整国内外电影比例，变为 6 部国产电影与 2 部国外电影，这是第二次调整。待到陆续有演员和导演爆出一系列问题，老师们按照教育部门要求开展自查自纠，集中更换了一批问题演员及导演的作品，这是第三次调整。

在被问到如何选择电影时，盛老师说除政策性的规定外，她自己总结出了选择电影的"3+1"原则。"3"指选择的电影应具备以下 3 个特征。

特征一：电影要能引起学生的思考，触动学生。比如电影《美丽人生》，它是一部最初就被选择，历经多次更换后仍被保留下来的影片。这部电影讲述了二战期间一对犹太父子被送进了纳粹集中营，乐观、智慧的父亲用自己的想象力和谎言让儿子相信，他们正身处一个游戏之中，始终保护儿子的童心没有受到伤害，而自己却惨死的故事。逗趣的情节让学生在看的过程中笑声不断，但影片结束后心中却久久不能平静。北京市二十一世纪学校是一所寄宿制学校，很多学生的父母并不能时刻陪在他们身边，这部影片对亲情的理解有非常好的教育意义。学生会认识到：原来，父母对子女的爱可以是那样的深切又自然。即使自己和孩子随时都可能生离死别，父亲展示给孩子的永远是乐观温柔的一面，这也是对"父爱如山"最好的诠释。

特征二：从艺术的角度看，影片具有较高的艺术价值，拍摄手法等可圈可点。例如，电影《辛德勒的名单》独特的剪辑手法和运镜，及对剧中主角们内心世界的描写，都使其成为电影史上登峰造极之作。影片思想的严肃性和非凡的艺术表现，几乎达到了难以超越的高度。影片中最震撼人心的是"强大的恶"和"脆弱的善"之间的对比，辛德勒最开始时并不是位英雄，为什么最后他成了英雄？其实，在辛德勒的内心世界曾发生了一场人性的斗争，最终"人性的善"战胜了内心的怯懦与恐惧。影片中那个穿红衣的小女孩，是影片中唯一的色彩，她象征着无辜而脆弱的生命，也象征着战胜邪恶的勇气和力量。此外，影片中对人性善恶的彰显也引人深思：小善就不是善了吗？小恶就可以被允许和纵容吗？影片中那些身体有残缺的人都在积极努力地生活，我们又凭什么消极？

特征三：电影时长适宜。由于观影时间通常放在晚自习，影片的时间不能太长，通常要控制在 90 分钟左右，这样才能在正常时间下课，不影响学生回宿舍休息。例如，十年级现有的 8 部电影——《辛德勒的名单》《烈日灼心》《悲伤逆流成河》《芳华》《逆光飞翔》《美丽人生》《风声》《天下无贼》，时长大部分在 90 分钟左右。唯一一部时长较长的电影《辛德勒的名单》观影时间是 120 分钟，盛老师把它放在了开学伊始，趁同学们熟悉校园、学习任务尚未繁重的时机，特例申请超过 90 分钟的观影时长。

"1"指在特殊时期，或者遭遇特殊事件时，给学生选择最适合他们此时观看的电影，从而更好地帮助学生成长。如有一次考试大家考得都不好，情绪很低落。在这种情况下，盛老师决定不再播放略显沉重的影片，在申请后临时更换影片，选择了一部塑造了"逆袭"差生们的精彩故事《垫底辣妹》，用轻松的影片去激励同学们，给学生打一针"强心剂"。学生看完这部"差生"逆袭的影片之后，确实有很大触动。所以，当学生因成绩陷入低谷时，老师与其去喊口号、讲大道理，还不如让学生看一部合适的电影，这样对他们的帮助和启迪会更大。

### （二）陈静老师：选择电影的四个建议

陈静老师作为电影课程小学低段（1—3 年级）的负责人及一年级的授课教师，从课题组成立之初就参与其中，同样经历了多次的电影内容更改。在选择电影时，陈老师根据小学低段学生的特点，给出了以下几点建议。

第一，小学低段应尤为强调影片的德育意蕴。对学生的思想品德教育应从娃娃抓起，适合给学生多安排一些红色经典影片，如《地道战》《鸡毛信》《小兵张嘎》《闪闪的红星》等，这些影片里的小主人公深受学生喜欢，故事内容也比较简单，便于学生理解。

第二，电影故事应尽多地展现欢快、明朗、积极向上的情感，少暴力要素，少骇人形象。电影《年兽》之所以被替换掉，就是因为一些孩子在观影后表示害怕影片中"年兽"的形象。小学低段的电影，除德育作用外，主要给孩子们提供快乐和安全感，此外，使孩子们受到启发，形成良好的生活习惯和学习习惯。

第三，小学低段应选择贴近学生生活的影片，找准出发点、激发学生情感、联系生活实际。如电影《玩具总动员》从孩子们的玩具入手；电影《孙子从美国来》，讲述爷爷和孙子的故事；电影《四个小伙伴》，更是从学生的日常生活小事中，让学生明白"看不起小事，也做不成大事"的道理。

第四，这个学段的学生处在语言敏感期，应选择语言清晰、明了，少口语化、方言和不文明用语的影片资源。影片《绿林大冒险》就是因为口语化严重而被替换掉了。

### （三）曲琦老师：选择电影的第一标准是学生的真实收获

为九年级授课的曲老师也是最早一批进入到电影课程组的老师，在接受采访时她开玩笑说：在最初的电影选择上，她基本上是"逆来顺受"的。因为电影课程组最初的电影选择，是由影视专业老师确定好了每个学段的电影主题和推荐影片，"非专业人士"的她，在怀着崇拜和敬仰的心情下欣然接受了各种选影的标准和条件，并按部就班地选择出了九年级电影课程影片。

经过了几轮的电影课程实际授课，她慢慢地发现，在原有影片中，有些太过注重影片的艺术性和美学价值，或是单纯因为影片的好评度高等原因而选出来的电影，不太符合学生的思想和实际需求，于是她尝试更替电影，原有电影中去掉了年代久远的《悲情城市》，替换为一部体育运动题材的影片——《五个扑水的少年》，很热血和励志。对于九年级这个年龄段的学生来说，中考是人生的第一次重要的转折，面对未来他们有很多梦想、期许。更为重要的是，在这个青春岁月，也会遇到很多的困难、阻碍，所以具备战胜困难的勇气和毅力，对于这个年龄段的孩子来说尤为可贵。而本部影片，恰恰给了青春少年启发和感召。影片中的主人公们年龄与九年级学生相仿，容易引起思想和情感上的共鸣，能够让学生身历其境，然后反思自己，真正实现自我认知，从而懂得青春的意义，懂得为了梦想不懈追求和努力的意义。

经过几轮的电影更替，曲老师更有了经验与底气，逐渐替换掉了距离学生生活较远的《冈仁波齐》，影片时长较短的《一念天堂》，争议较大的《霸王别姬》。考虑学生的需求、心理特征、核心价值观培养等因素，选择了《我不是药神》《五个扑水的少年》《这个杀手不太冷》《湄公河行动》《国王的演讲》《智取威虎山》《楚门的世界》《暴裂无声》8 部影片，和一部过渡影片《一点就到家》，形成了目前九年级电影课程的影片。

作为同时担任道德与法治课程教学工作的曲老师，根据学生的成长需求选择电影的过程能够说明，所有的教育都应该从学生这个主体出发。我们希望用最好的资源、价值最高的影片去影响学生，但是，我们不能忽视什么才是学生内心真正的渴望和需要——那就是在学生成长的现阶段，这部电影能够深入到他的内心，让他去审视自己，从而找到一个能引领他思想和灵魂积极向上的方向；对于全社会有积极的现实意义、传播正能量，能引起学生共鸣，帮助学生树立正确的世界观、人生观、价值观。这就是最好的教育，是我们电影课程所追求的育人目标，同时也是道德与法治课程所承载的育人目标。

所以，电影课程的内容选择，不仅仅是从育人目标、价值标准、心理特点等方面的理论角度入手，更应该从实际出发，考虑到影片内容对学生的实际影响。

### （四）王娟老师：选择电影没有最好只有更好

不同于前几位一开始就加入课题组的老师，四年级电影课授课教师王娟老师是从 2020 年才正式加入课题组的，但是她对电影内容的选择也有着自己的看法。

王娟老师加入电影课题组时，课题组已经经历了几次影片的更迭。电影资源已经可以符合核心素养、片源和演员等各方面的要求，但是学生对于个别影片的喜爱程度并不特别高，观影效果还有进一步提升的空间。王娟老师根据学生的反馈情况，在综合考虑后，决定在满足选片要求的情况下，更换四年级中的5部电影。把原电影《飞屋环球记》《犹太女孩在上海》《我的法兰西岁月》《勇敢的少年》《里约大冒险》，更换为：《奔跑的少年》《别惹蚂蚁》《长江7号》《一个都不能少》和《海洋奇缘》。而《扬起你的笑脸》《妈妈再爱我一次》《钱学森》三部电影因为主题和内容较优被保留。

选片时，王娟老师从学生当前阶段的身心发展特点出发，考虑学生多方面的心理需求。如考虑到四年级学生已经到了小学的中高学段，较之低龄学段的学生有了更多自己的想法，同伴关系时常会有摩擦，王娟老师选择了《别惹蚂蚁》这部以蚂蚁的视角讲述霸凌、反抗和团结的故事。影片以身份互换的形式，强制主角"站在别人的鞋子里感受别人的感受"，把强大的人类变成渺小的蚂蚁，并在与蚂蚁的相处中领会了团结的意义，最终带领蚁群赢得了对抗灭蚁人的斗争。同伴关系问题虽然在平时也会被讨论，但是通过观影的方式，从第三视角去切入，则会帮助同学们更好地"站在别人的鞋子里"体会对方的感受，进行换位思考。这些是说教所不能达到的教育效果。

替换掉的两部国外电影《飞屋环球记》和《里约大冒险》，虽然同样是冒险、梦想，以及动物保护的主题，但并没有明显的年龄和心理特征。考虑到尽量发挥电影课程的最大教育价值，王老师将梦想题材的国外电影更换为《海洋奇缘》。这部电影讲述的是部落首领女儿莫阿娜为了部落和生活在海洋中的人们，不畏艰险，勇于面对困难，一个人独自出海寻找半神毛伊，说服他和自己一起归还"特菲缇之心"，最终使海洋恢复生机，拯救了海洋的故事。影片体现勇气、责任、爱和奉献的同时，还隐藏了另一条主线"环保"——人类不应该一味贪婪地向大自然索取，以牺牲环境为代价满足人类的欲望终将会给人类带来灾难，受到来自大自然的惩罚。人应该和自然和谐共处。

同时，王老师还特别重视历年教育部向全国中小学推荐的优秀影片片目，通过查找资料，进一步了解这些影片资源，并根据选题和风格，逐步筛选出更适合四年级学生的优质电影。例如，电影《奔跑的少年》就来自于第39批教育部向全国中小学推荐的优秀影片片目。

# 第四章　电影课程读本设计

　　学校在开发校本课程时，经常会将编写校本教材作为课程开发的重要部分。的确，教材作为课程的重要载体，能够固化课程教学内容，有效保证课程实施质量。但随着国家教育政策的调整，校本教材逐渐被课程读本所代替，很多老师误认为课程读本就是课程教材。那么校本教材和课程读本有何区别？读本是从学生的角度来谈，供学生阅读的书，而教材主要是从教师的角度来说，供教师教学用的。电影课程不同于文化课程，电影本身就是课程内容，也是活的教材。所以，电影课程中，我们编写的给学生阅读的材料，就应该是电影课程读本。

　　此时，也许有老师会问："既然电影本身就是课程内容，也是活的教材，那我们还需要编写电影课程读本吗？没有电影课程读本是否也可以上电影课？"在北京市二十一世纪学校刚开始组织学生集体观影时，也没有课程读本，不仅是因为电影授课教师都是由校内其他学科教师担任，他们不知道该如何编写读本；更是因为课题组很多教师认为电影课程不需要有读本。经过一年的教学实践，师生对电影课的看法发生了转变，大家进一步认识到了电影的教育价值。观影之后，学生往往会有很多体验需要记录下来；老师们也需要一些文字载体，在有限的电影课堂时间里实现课前导入、课后升华和扩展学生知识面等功能。于是，课题组开始编写电影课程读本。

接下来以北京市二十一世纪学校为例，分享如何编写电影课程读本。

# 一、编写电影课程读本的几点建议

## （一）明确编写电影课程读本的目的和作用

编写电影课程读本，其根本目的是提升电影课程实施质量，既便于教师的教，更利于学生的学，并在一定程度上解决电影课时间不充足的问题。

在教师教学方面，因为中小学电影课程的特殊性，它没有固定的教学内容，不同教师对同一部电影的解读，可能会给学生带来不同的收获。电影读本一方面能够在一定程度上固化教学内容；另一方面能减轻教师搜集影片信息的工作量，也为教师上好电影课提供一定的指导。

在学生学习方面，读本在课前、课中、课后都能发挥一定作用。课前，读本是电影课程的导学材料，学生课前阅读能更好地了解影片，利于学生带着问题观看影片，使教育目标指向更加集中。课中，读本是互动工具，可以在老师的指导下完成互动任务，记录所感所想。课后，学生可以进一步学习读本中的扩展材料，加深对电影的理解，也可将新的感悟记录在读本中，生成新的教育资源，在以后需要时拿出来翻阅，或能助其重拾信心、战胜困难；或能更珍惜亲情、友情，善解他人；或能牢固树立远大理想，为国为家作出贡献。

一部电影的时间通常为90分钟或者更长，电影课留给教师用于课前导入和课后升华的时间并不多。很多授课教师反馈，观影后有许多的话想和学生交流，学生也还有一些问题想讨论，奈何时间有限，大家只能意犹未尽地下课了。编写读本后，老师来不及说的话、想强调的重点都可以写在读本中，学生在课前、课后阅读读本，能进一步加深对电影的理解。可以说，读本在一定程度上解决了电影课时间不够的问题。

在北京市二十一世纪学校编写电影课程读本时，有部分老师就曾提出：读本没有用，因为电影课堂上学生很难有时间看读本。而通过上述分析，我们其实已经发现，电影课程读本并不是一定要在电影课堂上使用，在电影课前、课后，或者假期里作为学生的阅读材料，都能发挥作用。

需要特别强调的是，读本中要重点宣传影片中的正面人物，让学生学习其可贵的精神品质，建议不要对导演和演员有过多的宣传。因为一旦导演和演员出现了品德问题，容易给学生造成不良影响，这时我们就需要重新修订读本，增加不必要的工作量。当然，这只是一小部分原因，抛开这类原因，我们也应该引导学生学习电影中主人公的优秀品质，不能引导学生去追星、以影视明星为偶像，这样会使我们开设电影课程的意义大打折扣。这一点，授课教师在后期设计教学环节时，也一定要注意。

### （二）形成读本编写的基本流程

#### 1.确定编写者

在确定要编写电影课程读本后，由谁来编写就成为首要问题。因此，读本编写的第一步就是要确定编写者。曾有教师建议编读本这件事应该找文笔好的语文教师来做，但稍加思考，便会发现读本最重要的是内容，不是文笔。电影课程授课教师才是编写读本的最佳人选，只有他们了解电影、了解学生、知晓电影课的流程，明白教学需求。在电影授课教师基本完成读本编写后，学校可以组织文笔好的语文教师对读本进行校对，改正错别字，修改不通顺、不严谨的语句等。

2. 形成读本指南

读本编写的第二步，首先要强调读本要为实现课程目标而服务，然后在此基础上，经过头脑风暴式的讨论，形成读本指南。所谓读本指南，就是明确读本中应该有哪些内容模块，每个模块的出现顺序以及具体内容。若是在形成读本指南的过程中没有达成共识或没有清晰的思路，可以让每位老师先试着写一节课的读本。写好后，大家一起来分析，从中一定可以取长补短，进一步优化读本模板，最终形成读本指南。读本指南建议以学段为单位统一，因为小学和中学的学生差距较大，甚至小学低段和高段，学生情况也相差很多。编写读本指南时，一定要充分考虑学情，以学生为本。编出让学生能看懂、乐意看、看后有所获的读本，是我们编写读本的初衷。

老师们在编写单课读本时，需要解决一个技术问题——我们使用什么软件来编写读本？老师们比较熟悉的常用办公软件有 Word、PPT 等。根据北京市二十一世纪学校编写读本的实践经验，建议大家统一使用 PPT 来编写读本。原因有两点：第一，统一软件能方便各课读本之间统一编写风格，后期也能更方便地将零散的单课读本合成一本书，便于印刷；以后再次修订读本时，替换单课电影的读本也会更容易。第二，选择 PPT，是因为其在插入图片、排版方面的功能比 Word 更强大、更好用。

确定软件后，还应该统一读本的纸张大小。因为纸张大小影响读本整体的排版布局，若提前没规划好，后期再进行统一，将会给编写者带来极大的工作量。北京市二十一世纪学校规定读本的大小为 A4。

### 3. 形成读本样章

编写读本的第三步是形成读本样章。每位老师按照读本指南的要求，编写或修改一节电影课的读本，我们称其为读本样章。样章形成后，先由学段内的教师互相修改，然后通过访谈、问卷调查等方式征求学生的意见，最好能在电影课堂中试用一次，然后根据调研结果，进一步修改样章，最终形成一份较成熟的样章。在这个过程中，老师们会有很多收获，能快速提升编写读本的能力。修改样章的过程，也是对读本指南的再次审视，若发现读本指南的设置有需要改进的地方，此时也应尽快修改、完善。

### 4. 编写读本的剩余部分

在形成成熟的样章之后，教师就可以编写读本的剩余内容。北京市二十一世纪学校，每个年级的学生在一个学年中会学习 8 部电影。若按每个年级编写一本读本，就需要编写剩余 7 课的电影读本内容。在编写每一课读本的过程中，最理想的状态是能按照第三步"形成读本样章"的流程来进行修改，但考虑到进行问卷调查或大规模访谈需要占用学生过多的时间，也可以小范围征求学生意见，按照原有的电影课程教学计划，先编写最近上课能用到的一两课读本，打印出来给全部或部分学生试用。如可以将全班分成两组，第一次课 A 组用读本，B 组不用；第二次课 B 组用读本，A 组不用。后期通过访谈两组的部分学生来分析读本作用，访谈用读本的学生来寻找读本中的可优化点。需要特别提醒的是，若教师给一个班级的部分学生使用读本，另一部分学生不使用，这时一定要保证教育公平，注意学生的情绪，要保证其能接受这种安排。对于高年级学生可以告知他们老师这样设计的目的，请他们帮助老师更好地提高电影课的质量；对于低年级的学生，尽量谨慎使用这种方式，若用，可采取发其他资料的方式来让孩子们心理平衡。此外，在课堂上，不设置必须使用读本才能完成的教学环节。

5.完成读本校对、印刷工作

在单课读本编写完成后，我们还需要完成两项工作。

第一，进行读本最后的校对工作。建议在学校内招募细心、文笔好的老师成立校对小组，分工对读本进行校对。每位老师的工作量不宜过大，避免出现因任务量过重而影响校对质量的情况。

第二，设计读本的封面，编写前言、后记等内容。电影课程读本是一套系列读本，封面建议整体要素统一，各学段、各年级各有特色。前言可以包括：开设电影课程的意义、读本内容、读本亮点特色、读本使用方法等。后记可以包括：作者对读本的总结和反思、表示感谢、对未来的展望等。

完成上述工作，读本就可以交付印厂印刷了，建议使用双面彩色印刷，毕竟电影课程读本中包含大量的图片，使用彩色印刷能给学生带来更好的阅读体验。

6.在教学实践中发现问题，逐步修改完善

读本诞生后，我们的读本编写工作并没有完全结束，而是进入了一个新的阶段——在教学实践中进一步修订完善读本。这种修订包括两个方面：一是随着更多优秀电影的出现，电影课程中的部分影片会被新的更好的影片替代，那么此时自然要更新读本。二是在教学中，教师会发现很多可优化的地方，如在第三学段，读本中有"小影来思考"版块，会设置2—4个问题，让学生观影后进行讨论讲解。在第一版读本中，设置的问题虽然在编写时感觉很合理，但在一次又一次的教学实践中，教师就会发现换个问题或者换个问法，能让学生有更多的收获，这时教师就应该把这些想法记录下来，等到学年末修订读本时统一修改。

在经过几轮的修订后，读本会变得更加完善、成熟。若是时机成熟，可以联系出版社公开出版，为中小学电影课程的发展贡献一份力量。

## 二、各学段读本示例和分析

### （一）第一学段读本

第一学段指小学 1—3 年级，根据这个学段的学生情况，读本在编写时有以下特点。

第一，这个学段的学生识字量有限，喜欢色彩明亮的图片，特别是卡通图片等，大都喜欢读绘本一类的读物。所以，读本在整体设计时采用多图少文的形式，严格控制每页文字量，版面设计色彩丰富。

第二，为了让学生从小树立全面发展的观念，本学段每册读本的第一页图用来展示"中国学生发展核心素养总框架"，第二页图说明"中国学生发展核心素养基本内涵"，第三、第四页图逐个分析每部电影中所对应的核心素养。教师在电影课程中应有意识地培养学生的核心素养，虽然这一学段的学生对这些核心素养的名词还不甚理解，但在教师的讲解下会有初步的认识，在心里埋下一颗种子，对学生的长远发展大有裨益。

第三，读本中设置的内容模块非常丰富，涉及读、写、说、画、演等多个模块。其中，一年级多以"说""画"的方式呈现；二年级多以"写""画"的方式呈现；三年级多以"演""画"的方式呈现。为了让学生更好地认识读本，教师设计了《夺"宝"指南》（如图 4-1 所示）。在图中，采用游戏旅行的形式，让同学们知道我们在每一个电影读本之旅中，都要经过哪些美丽的驿站。

图 4-1　第一学段电影读本《夺"宝"指南》

第四，读本最后设计丰富多彩的附加项。如 1—3 年级学生的电影鉴赏能力还未形成，在读本的最后附上"光影小宝箱"，即列出几部推荐给本年级学生看的电影，学生们假期想看电影，可以参考"光影小宝箱"模块来选择。另外，"创意作品"展示的是学生在电影课程中生成的优秀绘画作品，在修订读本时此版块会定期进行更换。为了激励学生，教师还会奖励表现优秀的学生小贴纸和小拼图等，在读本封底会设计装拼图的小卡槽。以一年级为例，电影课上表现优秀的小朋友每节课会收到一个电影主人公小贴纸，直接贴在课本封皮。在一学年 8 部电影结束前，只要收集到 4 个小贴纸就能获得拼图一份，拼图内容是某一部电影的主人公图片或者情节图片，拿到手的同学可以将拼图插在封底的卡槽里。

下面分别介绍第一学段电影读本中的各个模块。

1."电影海报"模块

在电影读本中，每课的第一页都是吸睛的电影海报，用于简单介绍电影，激发学生的观影积极性。

电影海报会在观影前三天通过学部走廊的电子屏或者外墙张贴纸质版海报的方式进行展示。电影海报一般包括电影的影片片名、简单的文字介绍、电影图片、观影年级、观影时间、学校名称及 Logo 等内容。当然，前边这些内容不需要在每张海报上都体现，可以根据具体电影和情境来灵活使用。如在读本中，第一页的海报里就不需要写具体观影日期等内容。

电影海报通常选择电影中能体现影片主题的剧照等，体现积极、正能量的情感，避免使用灰暗、负能量的剧照，可以在原有电影海报的基础上修改、创新。文字介绍，用一两句话来点明主题，激发兴趣或介绍影片信息等。

以一年级电影《玩具总动员》的海报为例（如图 4-2 所

示）。这张海报最大的亮点在于右下角的巴斯光年头像变成了授课教师的脸，卡通头像和真人头像形成了鲜明的对比，瞬间就能吸引学生们的注意力，产生疑问：这是"真人版"主人公吗？进而想进一步了解这部影片。这样设计，其实也是与电影课中的教学环节相对应的。在同学们第一次走进电影课堂时，首先看到的就是电影主人公"巴斯光年"在门口欢迎大家，其实是电影老师身着巴斯光年的道具服，但同学们并不知情。授课结束后教师摘下头部道具露出自己的面容时，同学们会惊喜地发现，原来海报上的人脸就是电影课教师。

图 4-2  《玩具总动员》海报

图 4-3　电影课《玩具总动员》中授课教师课前迎接学生

一年级的另一部影片《地道战》的海报，教师就借用了一张经典海报。这幅图片展现了这样一个情景：在战斗中，日军惨无人道地往地道里灌水、放毒，千钧一发之际，民兵队长高传宝突然从锅台下的地道口钻了出来，开枪击毙了日本兵。左侧的文字更是主题鲜明，朗朗上口——"千里大平原，埋伏神兵千百万。冀中庄稼汉，全民参战保家园。"如果说此部影片用完整的银幕故事诠释了《论持久战》中人民战争的核心精神，那么这张海报则为同学们"定格"了影片中展现民兵集体智慧的精彩瞬间。教师们即便是自己再创造，也很难制作出比这张原海报更经典的作品了，那么此时完全可以借用原来的经典海报（如图 4-4 所示）。

图4-4　一年级电影课《地道战》海报（左侧原海报，右侧学校海报）

根据几年电影课程的授课经验，我们发现合适的海报信息可以迅速集中学生的注意力，把学生带进特定的主题或者故事情境中，从而激发他们浓厚的观影兴趣和强烈的仪式感，起到事半功倍的效果。

2."影视信息"模块

此部分内容相当于影视作品简介，目的是让学生初步了解相关的电影基本信息，通常包括以下两个方面：

第一，介绍影片的名称、类型、上映日期、国家出品、导演等基本信息。这些信息是电影的基本信息，就如同描述一个人时要介绍其姓名、年龄、性别等。介绍这些信息有助于培养学生概括和提炼信息的能力。

第二,"角色"模块,通过图片、文字相结合的形式,在观影之前让学生先认识电影中的主要角色(如图4-5所示)。因为1—3年级的学生认知能力有限,通过图文并茂的方式介绍电影中的主要角色,能帮助学生更好地理解故事情节。

**角色 Character**

| 胡迪 | 巴斯光年 | 翠丝 | 红心 | 蛋头夫妇 | 弹簧狗 |
| Woody | Buzz Lightyear | Jessie | Red hearts | Mr.Potato Head | Spring dog |

图4-5 电影读本《玩具总动员》中的角色

3."我是小观众"模块

该模块包括三个子模块,分别是"小发布""小红毯"和"小片场"。

"小发布"指发布电影剧情简介,帮助学生更好地理解电影,激发观影积极性。这部分文字既要介绍清楚故事梗概,又要避免过多剧透,更要激发学生的观影兴趣。以一年级第一课《玩具总动员》为例,"小发布"的文字内容为:"这是一个有趣的玩具世界,小主人家境富裕,拥有一屋的小伙伴。他最爱牛仔玩偶胡迪,胡迪因此成为众玩具的'老大'。当小主人出门在外时，一屋的玩具自成世界，过着自己的生活。一天，小主人带回了一个长相新奇，功能先进的玩具——'太空战警巴斯光年'。巴斯的到来威胁到了胡迪的地位，胡迪千方百计要赶走巴斯，一不小心二人一起掉到了窗外，邻居的小孩是一个玩具虐待狂，恶狗也在狂吠，胡迪和巴斯能不能化敌为友，共同渡过难关呢？"学生读完这段文字后，能对电影的故事情节有一定了解，同时也勾起了学生的好奇心："胡迪和巴斯能不能化敌为友，共同渡过难关呢？"带着这个问题他们对这部电影充满憧憬。

"小红毯"主要介绍电影的获奖情况。通过让学生了解大家对影片的评价，进一步理解教师选择此部电影的目的和意义，激发学生的观影积极性，为实现电影课程的育人目标奠定基础。以《玩具总动员》为例，其内容为："《玩具总动员》在 1996 年获得奥斯卡金像奖、特别贡献奖。它在世界电影史上创造了动画电影当时的历史票房之最，是美国电影协会评选的 25 部受美国永久保护的'国宝级电影'之一。至今仍是国际各大动画电影评论榜单的第一名，好评率 100%。"学生了解这些信息后，自然会想："这部电影评价如此之高，一定特别好看，我一定要认真地看一看。"

"小片场"主要介绍与影片相关的各类信息，包括：故事原型出处、影评中的设计特色等。如《玩具总动员》的"小片场"

内容为："动画片中比萨饼星球的灵感来源于必胜客。动画片中每个角色的眼睛都不是双眼同时眨，而是一次一只。"《天书奇谭》的"小片场"内容为："故事原型取材于中国古典神话小说《平妖传》，原著的作者是元末明初的小说家罗贯中，后经明末作家冯梦龙修改和完善流传至今。它是我国原创的民族风格动画电影代表作品，我们可以从中感受民间艺术的造型元素。"《鸡毛信》的"小片场"内容为："鸡毛信是抗日战争时期华北地区军民创造的一种传递紧急情报的特殊邮件，信封上粘有鸡毛，以示十万火急。"可以看出，凡是对学生理解电影有帮助，能拓展学生视野、提升学生综合素养，而不适合放在电影读本其他版块中的内容都可以放到"小片场"中。

4."小影有话说"模块

该模块是落实课程育人目标的重要抓手。针对故事情节引导学生回味影片主旨，通过反思、分享感受、解决问题，完成学习目标。

例如，一年级的小朋友，初到新学校，面对陌生的新环境，心理适应需要一个过程。小朋友必须学会怎样与新同学一起玩、一起做事，怎样解决不可避免的冲突。儿童通过寻找游戏玩伴以及参与其他的社会性活动，主动性得到发展。之所以选择《玩具总动员》这部影片作为一年级学生的第一部电影，就是希望该电影能帮助学生更好地适应新环境，找到新朋友。因此，该课读本中"小影有话说"模块的内容（如图4-6所示），先用一段话来点明影片主旨，从学生们熟悉且喜爱的玩具入手，引导学生珍惜朋友，互相帮助。然后用自评点亮五星的方式，来引导学生回忆、思考：主人公如何融入新环境？主人公勇敢的具体表现有哪些？与新伙伴相处有哪些办法？

> 同学们，曾经或者正在陪伴我们的玩具有很多，我们应该像影片中的小主人公一样学会珍惜朋友，懂得互相理解、互相帮助，才会不孤独，我们的生活也会变得更加美好！
>
> 我的小收获：
>
> 1. 我能说出巴斯光年是如何融入新环境的。　★★★★★
> 2. 我能举例说出巴斯光年很勇敢的具体表现。　★★★★★
> 3. 我能分享一种与新伙伴相处的办法。　★★★★★

图4-6　一年级《玩具总动员》读本之"小影有话说"模块

再以二年级第一课《邋遢大王奇遇记》为例。选择这部电影，就是希望学生深刻意识到讲卫生的重要性，养成良好的行为习惯。同时让学生在故事中意识到：知错能改就是好孩子，遇到困难要勇敢面对，要与别人合作一起解决问题。由该部电影读本中的"小影有话说"模块（如图4-7所示）可以看出，其设计思路依旧是紧紧围绕育人目标，用文字直接引导和自评点亮五星间接引导相结合的方式，让学生去回忆电影、思考，从而形成正确的认识。

> 邋遢大王他既不讲卫生，还乱扔垃圾，就连脏东西也照吃不误。经历了这不同寻常的经历后，从此再也不邋遢了，知道了要从小就养成良好的生活习惯，做一个讲文明讲卫生的好孩子，还知道了遇到困难要勇敢坚强，用自己的聪明才智以及朋友之间相互合作来化解难题。
>
> 我的小收获：
>
> 1. 我能说出邋遢大王知错能改的表现有哪些。　⭐⭐⭐⭐⭐
> 2. 我知道邋遢大王最后变得讲卫生的原因。　　⭐⭐⭐⭐⭐
> 3. 我要向邋遢大王学习合作战胜困难的精神。　⭐⭐⭐⭐⭐

图4-7　二年级《邋遢大王奇遇记》读本之"小影有话说"模块

5."我是大明星"模块

该模块通过情景剧的形式重现影片中的经典画面。

该模块的情景剧是一种结合声、形、色等各种表现形式，通过表演、演唱、舞蹈等形式来展示教学内容的教学方式。在情景剧表演中，学生需要一起协作，互相配合，分工合作，有效地解决问题，不断调整和改进自己的表演成果，从而更好地完成表演任务。这种团队合作精神可以帮助学生在学习和生活中更好地与人合作，解决问题、实现目标。

在电影课程中，学生通过情景剧的形式来重现经典片段，能让同学们沉浸式体验剧中某个情节，加深对影片故事情节的理解，更好地梳理主人公之间的关系；通过分析角色的性格特点、环境背景等，提高了他们的语言表达能力、表演能力、创意能力和团队合作意识，帮助学生更好地理解电影中的情感和内涵。

例如，一年级的《玩具总动员》中有一个经典片段是巴斯光年抱着胡迪在空中飞翔。小朋友们通过情景剧的形式，模仿主人公的行为动作，揣测身处险境中的主人公的心理活动。在拥抱的亲密感中，体会朋友之间的相互信任，感受友谊的珍贵。

6."我是小影迷"模块

该模块是电影读本中的拓展模块，可以在课上由教师组织学生共同完成，也可以在课后由学生自行完成。通常，该模块包括"小探秘"和"小涂鸦"两部分内容。

"小探秘"侧重于说，引导学生在具体情境中总结思考；有时会将选择题、连线题等结合到题目里，提升学习趣味。例如，在《玩具总动员》中，让学生说说想和电影里的哪个玩具做朋友，并说明理由（如图4-8所示）。在《邋遢大王奇遇记》中，让学生说说，小邋遢终于从老鼠王国中成功逃脱，这个过程中帮助他成功的因素都有哪些（如图4-9所示）？

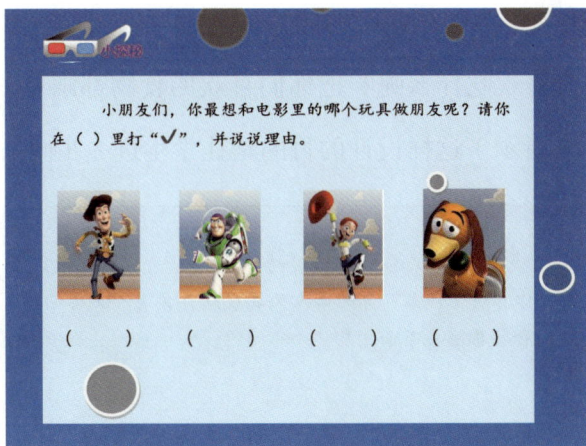

图4-8　一年级《玩具总动员》读本之"小探秘"模块

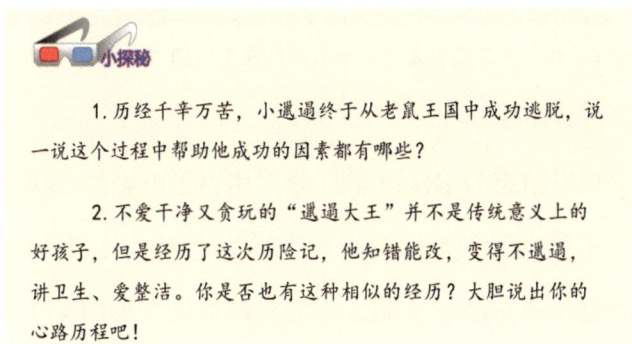

1. 历经千辛万苦，小邋遢终于从老鼠王国中成功逃脱，说一说这个过程中帮助他成功的因素都有哪些？

2. 不爱干净又贪玩的"邋遢大王"并不是传统意义上的好孩子，但是经历了这次历险记，他知错能改，变得不邋遢，讲卫生、爱整洁。你是否也有这种相似的经历？大胆说出你的心路历程吧！

图4-9　读本《邋遢大王奇遇记》中的"小探秘"内容

"小涂鸦"顾名思义，就是让学生们动笔去画，因为1—3年级的学生不仅喜欢看图文结合的信息，更喜欢用绘画来表达自己的想法。心理学研究也表明：简单的图像有强大的力量，会提高人的记忆力。让学生去动笔，能提高学生的认知能力。具体画什么内容呢？这就要根据电影的主题和德育目标来确定。如在电影读本《孙子从美国来》中这样设计题目：先展示电影中的食物和妈妈喂孩子吃饭的图片，然后写道："你喜欢吃什么？你的家人又喜欢吃什么呢？把你们喜欢的食物都画在下面吧！"（如图4-10所示）这样设计的目的是让学生进一步感悟亲情。

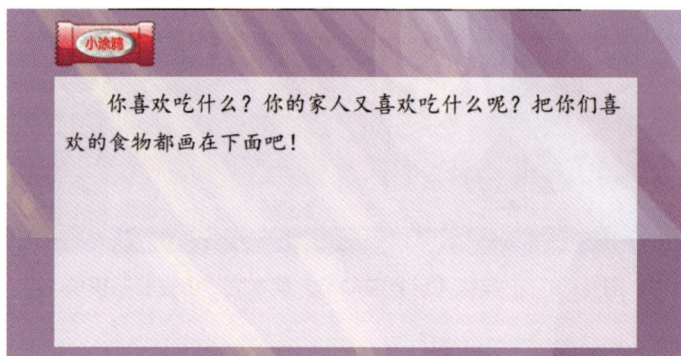

图4-10　三年级读本《孙子从美国来》中的"小涂鸦"内容

7."电影评分"模块

学生观影结束为本次电影打分，相当于电影的一次"诊断"测评。学生通过回顾观影感受，当场为电影打分来反馈本部电影带来的收获和自己对这部影片的喜爱程度（如图4-11所示）。虽然在每学期末，学校会组织学生对本学期的电影课程进行问卷评价，也会对每部电影打分，但考虑到时间跨度较长，1—3年级的学生在期末时可能已经记不清楚开学初的电影课是什么样的。为了获得更及时、更真实的反馈，在本学段读本中设置了评分模块，一方面，教师可以得到学生对电影的反馈；另一方面，学生也可以在教师引导评分中，培养评价、鉴赏电影的能力。

图 4-11　第一学段读本中的"电影评分"模块

## （二）第二学段读本

第二学段指小学 4—6 年级，根据这个学段的学生情况，本学段读本在编写时有以下共同点。

第一，这个学段的学生识字量有了很大的提升，因此读本中文字占的比重逐步增加，但依旧根据电影主题，插入图片，设计漂亮的底纹和边框等，使得读本既有一定的美观度，能吸引学生，又有一定的文字量，能传递相关信息，具有较高的可读性。

第二，本学段的电影读本编写模板是相同的，第一页是本课内容的海报，第二页是本课的电影读本指南，主要介绍本节课的读本包括哪些内容模块。第三页到第六页是本课的正文，每课内容分为四大模块。第一模块是"影片介绍"，包括"基本信息"和"剧情介绍"等；第二模块是"光影故事"，包括"获奖情况"和"主题特色"等；第三模块是"课堂互动"，包括"人物连连看""剧情我来说"等丰富的互动内容；第四模块是"电影拓展"，包括"知识积累"和"德育魅影"等内容。第一、第二模块侧重在观影前启发、引导学生；第三、第四模块侧重在观影后帮助学生进一步理解电影内容，深化情感，形成正确的三观。四大模块从影片介绍到光影故事再到课堂互动，最后到电影拓展，层层递进，逐步深入，符合小学高年龄段学生的认知特点和心理特点。

鉴于本学段读本中有部分内容和第一学段读本相似，相似部分在此不做介绍，只重点介绍本学段读本中有特色的部分。

1."主题特色"栏目

"主题特色"栏目，主要是助力实现本部电影所要达到的情感态度价值观目标，引导学生对电影的关注点。以六年级电影第七课《建党伟业》为例，该课读本中"主题特色"的文字内容为："气势恢宏的《建党伟业》影片，蕴含着浓浓的爱国情，这部电影把我们带回到九十多年前的岁月中，当时我们中国共四万万人民同胞，面对日本帝国主义的不平等条约，我们中国人绝不忍受，誓死捍卫主权和领土完整。北大学子面对丧权辱国的条约而奋力反抗的时候，我们看到的是那颗炽热的爱国心！'爱国'是小学生守则之一，我们作为小学生一定要热爱自己的祖国，长大之后报效祖国。"学生在观看电影前读过这段文字，在观影时就会去侧重关注爱国精神，能更好地理解影片中人物的语言和行为。

2."带着问号看电影"栏目

在第二模块"光影故事"中，有时会用"带着问号看电影"栏目来代替"主题特色"栏目。"带着问号看电影"栏目,其作用也是引导学生对电影的关注点,启发学生提前思考,起到导读的作用。提前罗列问题,可以更好地唤起学生观影的兴趣,让学生在观影时进行深度思考。而观影后的讨论环节,可以再次落脚到观影前的这些问题上,对电影进行升华,帮助学生更好地理解影片的教育意义。以四年级电影《奔跑的少年》一课为例,"带着问号看电影"栏目中的内容(如图4-12所示)。

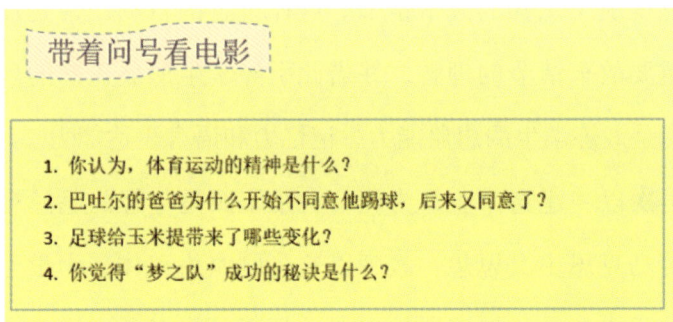

**带着问号看电影**

1. 你认为,体育运动的精神是什么?
2. 巴吐尔的爸爸为什么开始不同意他踢球,后来又同意了?
3. 足球给玉米提带来了哪些变化?
4. 你觉得"梦之队"成功的秘诀是什么?

图4-12 四年级电影《奔跑的少年》读本中"带着问号看电影"栏目

3. "人物连连看"栏目

"人物连连看"栏目一般放在"课堂互动"模块中。在观影后,学生将主人公姓名和对应的人物特点连起来,用于帮助学生梳理电影中的人物关系。连线的过程,就是一次梳理电影内容的过程。例如《建党伟业》影片的"人物连连看"栏目中,提到五个人物:毛泽东、陈独秀、李大钊、杨开慧、孙中山。

在连线的过程中，学生会进一步加深对人物的印象：毛泽东是开国元勋，孙中山是中华民国的缔造者，李大钊是北大图书馆馆长，陈独秀是中国共产党早期领导人之一，杨开慧是毛泽东的妻子。教师在分析正确答案时，可以适当地加入一些人物介绍，让学生对人物有多方面的了解。

4. "剧情我来说"栏目

"课堂互动"模块中的另一个特色栏目是"剧情我来说"。在该栏目中，教师会精心挑选1—2张剧照，让学生在观影后描述剧照反映了怎样的故事情节。这样设置的目的，一是加深学生对重要故事情节的理解，并借此引导学生形成正确的思想情感；二是锻炼学生的想象能力、记忆力和语言表达能力。

再次以《建党伟业》为例，一张剧照是年轻的毛泽东在湖南宣传马克思主义思想。教师以这张剧照为载体，为学生介绍当时的历史背景，如该课的授课教师赵月梅老师这样为学生介绍："1917年俄国爆发了十月社会主义革命，震动了全世界，也照亮了中国革命的道路。中国的先进知识分子找到了指路的明灯，最终选择了马克思主义，并逐渐认识到建立无产阶级政党的必要性。各地中国共产党的早期组织建立后，开展了一系列革命活动，而年轻的毛泽东是马克思主义中国化的伟大开拓者。马克思主义的广泛传播进一步促进了中国人民，特别是青年知识分子的觉醒。一代又一代有志青年在救亡图存、振兴中华的历史洪流中谱写了一曲曲感天动地的青春乐章。"另一张是孙中山先生命令徐世昌把陈独秀从监狱中放出来的剧照。此时，赵老师再次补充道："实现中华民族的伟大复兴，是中华民族近代以来最伟大的梦想。孙中山正是这样一位推动中华民族复兴的伟大革命先驱，他高举反对封建专制统治的旗帜，毅然投身民主革命事业。他第一次提出'振兴中华'这个影响深远的口号，成立同盟会，积极传播革命思想。他为推进民主革命四处奔走、大声疾呼。"学生听完老师的补充介绍后，能进一步能被伟人精神所感染。教师也借此栏目更好地实现了本节电影课的教育目标。

5. "能量加油站——经典台词赏析"栏目

电影课程正是通过组织学生观看别人的故事代替说教，对学生产生教育作用。影片中也常常出现一些振奋人心、具有力量的台词。把这些经典台词摘录下来放入读本中，希望学生在翻看的时候，能够重温影片台词，并从中获取力量和启发。于是，在第四模块"电影拓展"中就有了"能量加油站——经典台词赏析"栏目。如图4-13所示，在四年级电影《奔跑的少年》一课中，教师在该栏目中选用的这些台词就能激励学生终身成长。

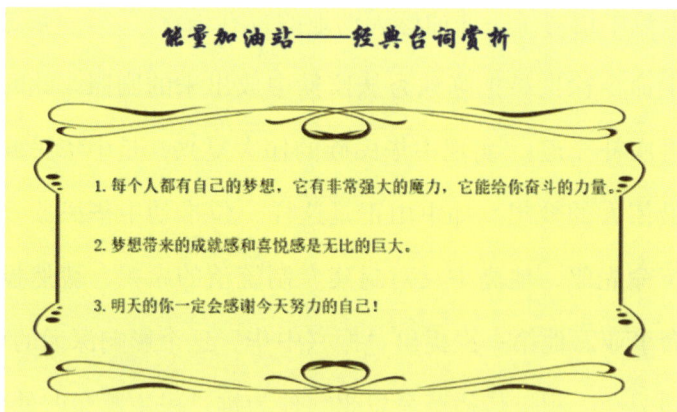

图4-13　四年级电影《奔跑的少年》读本中
"能量加油站——经典台词赏析"栏目

## （三）第三学段读本

第三学段指7—9年级，这个学段的学生处于青春期，既喜欢读本好看有趣味性，又要求内容有一定的深度。因此，该学段的读本有以下两个特点。

第一，读本重视版面设计，使读本不仅具有实用性，同时美观、协调，具有可读性。版面结构上，每一部分的大标题、每一版块的小标题、正文内容寻求层次清楚，重点突出。色彩设计上，采用白橙渐变，整体呈现暖色调，协调舒适。文本内容用蓝色框线划分，整齐清晰。读本还使用了大量电影元素，如打板机、胶卷、摄影机、电影票、导演凳等，每部电影的剧照、海报也作为图片内容与文字配合，使读本图文并茂，更易被学生接受。

第二，读本内容丰富，根据德育"知情意行"原理，设计了五部分的内容，由浅入深，逐步深入，符合学生的心理认知特点。每个部分又有多个模块。下面分别介绍第三学段电影读本中的各个部分及模块。

1. 第一部分：电影信息　初识电影

该部分包括"海报及电影名""电影信息""故事简介"，引导学生初识电影，普及电影基本信息，引发学生上课兴趣和观影热情。

每部电影读本的首页以电影海报或剧照为基础元素。电影海报或剧照是对电影内容直观简洁的凝练与呈现，有时比文字介绍更能反映电影的情感和意蕴。在选择海报或剧照时，一是考虑其对主角人物的刻画及表现；二是考虑其和电影内容的契合度及与主题情感的贴近性；三是力求选择的海报或剧照能够快速吸引学生注意，引发学生联想，激活学生情感。除电影海报或剧照外，首页还需用文字或图片形式，开门见山地展示电影名并用一句话概括电影核心主题。以电影课《奇迹·笨小孩》为例，老师选择了电影主角团站在院落里，朝向镜头开心微笑的电影海报作为首页，并以文字点明电影主题——"普通人创造奇迹"。

"电影信息"说明电影国别、导演、类型和上映日期，使学生对影片有基本认识。

"故事简介"是学生初识电影的重要渠道，由电影课程授课老师编写。在编写时要注意三点：一是要尽量用简洁的语言说清电影故事的背景、人物、情节等；二是在情节简述与剧透之间做好平衡；三是作为引子，激发学生对观影、了解剧情详情的兴趣。以《奇迹·笨小孩》的电影读本为例，在电影名、电影国别、导演、类型和上映日期一一呈现后，故事简介部分这样介绍："景氏兄妹相依为命，虽然生活很艰辛，但他们并没有屈从于命运，没有失去努力生活的信念。景浩头脑灵活，在父亲出走母亲病故，患有先天性心脏病的妹妹治病急需用钱时，他为了养家而辍学，做了个修手机的小老板。他寻找机遇，努力创业，过程中遇到一个又一个坎坷，但他从不言弃。而与他一起创业的朋友，也都在挑战生命中的不可能。"这样的介绍用简练的文字说清了电影故事的背景、人物和主要情节，让学生知道这是一对兄妹和其伙伴创业的故事，属于励志成长类的电影。但他们在创业过程中遇到了哪些困难？又是如何面对这些困难的？看完剧情介绍后，学生容易产生这些疑问，从而激发观影积极性。

2. 第二部分：互动引导　课堂联动

该部分由"课堂互动""小影来思考"组成，具备课堂学案功能，配合电影课程的导入环节，通过问答等互动，引导学生观看电影时的注意方向。

以电影课读本《我和我的父辈》为例。教学设计中的导入环节为"课堂小调查"，教师配合教学视频，在读本中呈现小调查的问题，一是："父母是孩子的一面镜子，也是孩子人生的第一任导师。中国有着源远流长的家风文化，你家里是否有家训或家风？能否跟同学分享一下，并聊聊它们的作用？"学生可以在读本上梳理，使思考更系统、更深入，从而更好地进入教师创设的电影情境。二是："'我和我的'系列电影已经有《我和我的祖国》《我和我的家乡》《我和我的父辈》三部了，你是否看过《我和我的祖国》《我和我的家乡》？能回忆一下电影的内容吗？"读本中呈现电影的海报，帮助学生回忆电影内容，从而更流畅地讲述电影。

"小影来思考"是老师根据课程目标设置电影问题，观影后师生将围绕这些问题进行讨论。该课电影读本中的四个问题分别是："第一，你如何看待《乘风》中的父子情感？第二，《诗》中'在天上写诗'的爸爸，对孩子的影响是什么？第三，《鸭先知》中的爸爸的特点是什么？第四，《少年行》的风格是什么样的？你喜欢吗？"将问题置入读本中，可以使学生有更明确的观影方向，沿着老师的教学线索进行思考。另外，每个问题后对应着相关的电影剧照，辅助学生理解和记忆影片。

3. 第三部分：荐影理由　深化理解

"荐影理由"部分分为"主题之思""创作之美""能力提

升"三个版块，与教学目标相呼应，强调电影正向积极的主题和人物品质，同时对电影创作特色、电影幕后的故事进行介绍。

"主题之思"，顾名思义，就是细剖电影内核，呈现电影主题。作为以"立德树人"为核心目标的电影课程，老师在授课时往往以某一重点主题为主要德育点。如《我们诞生在中国》是以生命、人与自然的关系为主题；《战狼2》是以红色灵魂、中国军人为主题；《五个扑水的少年》是以找到自己、奋斗为主题。而电影内容丰富，主题开放多元，如《我们诞生在中国》背后有亲情，《战狼2》背后有坚韧、不放弃，《五个扑水的少年》背后有青春无悔、勇敢尝试……"主题之思"中，老师会对电影主题做深入分析，也会做细致补充，课后学生可以自主阅读，深化对电影的理解，获得更多启发。

如电影课《八佰》，就呈现了"历史不灭，精神永存；抗战精神，家国情怀；珍惜和平，不忘先烈"三个层次的主题和主题阐释。读本中的内容如表4-1所示。

表 4-1　电影课《八佰》读本中的"主题之思"内容

> 主题一：历史不灭，精神永存。习近平总书记说："走得再远、走到再光辉的未来，也不能忘记走过的过去，不能忘记为什么出发。"电影《八佰》以淞沪会战中的真实历史为原型，描述了中国人民抵抗日本侵略的真实故事。这一段团结一致、拼死冲锋的历史不会磨灭，战争中体现出的中国人民顽强抗战的精神也不会消失。
>
> 主题二：抗战精神，家国情怀。电影通过一个个具体人物的表现，展现了中国人民的气节和大义，如苏州河南岸的人们从一开始的漠不关心、歌舞升平，到后来的赴死传送电话线、默默捐钱捐物。在此，电影通过真实的历史故事向世人展示了中国人民的爱国情怀，展示了不畏强敌、宁死不屈的民族气节，展示了视死如归、百折不挠的信念。
>
> 主题三：珍惜和平，不忘先烈。历史不容忘却，我辈的幸福与安宁是无数抗日战士用自身宝贵的生命换来的，为了家国，他们献出了青春与生命。《八佰》从多个视角、多个角度、多个层面去剖析战争，通过对一个个具体人物的生动刻画，让战斗中的真实场面生动地展现在观众面前。战争残酷、无情，新时代青年要珍惜和平、珍惜当下的幸福生活。同时，要直面历史教训，担当起实现中华民族伟大复兴的重任，让世界听到中国声音，看到中国态度。

三层主题，第一层启发学生要牢记这一段团结一致、拼死冲锋的历史。第二层感受电影展示的中国人民的爱国情怀，不畏强敌、宁死不屈的民族气节，视死如归、百折不挠的信念。第三层使学生明白我辈的幸福与安宁是无数战士用自身宝贵的生命换来的，新时代青年要珍惜和平、珍惜当下的幸福生活，同时担当起实现中华民族伟大复兴的重任。

"创作之美"版块，老师从技术方面对电影的艺术特色进行分析，如剧作结构、人物塑造、镜头语言、场景道具、细节设置、音乐音响等，让学生感受电影的光影魅力。如在《哪吒之魔童降世》的读本中，该版块展示了电影的三大创作特色：第一，传统神话新意义。电影创新了传统神话故事，通过讲述哪吒从"魔童"成长成英雄，使电影具有更强烈的社会感召力和现实性意义。第二，角色塑造立体。在《哪吒之魔童降世》中，没有脸谱化的正面角色或是反面角色，每个角色都被塑造得有层次、饱满立体。第三，方言运用添特色。影片在太乙真人这个角色的配音上运用了四川的方言，不仅表现出人物幽默的特点，同时也体现出新生代影视语言的多元活力。

"能力提升"版块是拓展版块，供学生课后拓展阅读使用。该版块内容或是导演手记，或是拍摄现场揭秘，或是电影相关知识拓展，让学生从不同的角度和维度理解电影创作和电影之外的知识内容，拓展视野、增强认知。如在该版块中，《哪吒之魔童降世》讲述导演饺子锲而不舍、厚积薄发的追梦之旅，潜移默化地影响学生；《奇迹·笨小孩》呈现导演文牧野的"创作手记"，使学生看到导演的深度思考；《快把我哥带走》借由漫画改编电影的介绍，让学生看到国漫的发展和该部电影在改编中表现出的现实意义；《飞驰人生》呈现剧组不畏艰辛、精益求精的敬业精神和幕后故事，使学生看到精彩影片幕后的不易。

4. 第四部分：动脑动手　拓展延伸

该部分包括"小影写台词""小影来拓展""小影来鉴赏"，

可用于学生课后自主学习及对电影课程进行评价；注重调动、激励学生的思考、行动，使电影课跳脱出简单的"赏""读"层面。

"小影写台词"版块，老师会引导性地呈现几句能呼应主题、有德育价值的台词。这样设计，一是抛砖引玉，引导学生去回忆电影内容、思考影片情节；二是进一步点明和强调电影的德育主题。如电影读本《湄公河行动》中，该版块呈现的台词是："盛世之下，总有人为万家灯火负重前行，不忘过去，不惧未来！"有很明显的点题作用。学生也写出了"我们会以武制武，还十三位中国船员一个清白。""从来就没有什么岁月静好，只是有人替我们负重前行。""你之所以看不见黑暗，是因为无数勇敢的人把黑暗挡在了你看不见的地方。"等意义深刻的台词，显示出学生对影片的感受与体悟。

在"小影来拓展"版块中，设计了学生在电影课堂、课后的拓展延伸活动；有一些是可以当堂完成的，有一些则需要课后实践。如电影读本《我和我的父辈》中的"小影来拓展"内容为："父辈并不仅仅指自己的父亲，也指自己的长辈。对你影响最深的长辈是谁？为他 / 她写一首三行情书，并在旁边配一张简笔画吧！"（如图4-14所示）电影读本《暴裂无声》的"小影来拓展"内容是："除了羊之外，电影中还有哪些隐喻设置？"这些都可以在课堂上进行。而电影读本《快把我哥带走》

的"小影来拓展"内容为："回家之后，如果有兄弟姐妹，请和他们拍一张照片。如果是独生子女，请和父母拍摄一张照片，仔细看一看照片，想一想发生在你们之间的故事，试着说一说，你的家人是什么样的？"这样的设计，就需要学生在课后完成。但无论是哪种拓展活动，都是学生对电影的再次总结和思考，是学生将电影课程中的所学所感思考、吸收、深化、体验的过程，对学生学习有很重要的意义。

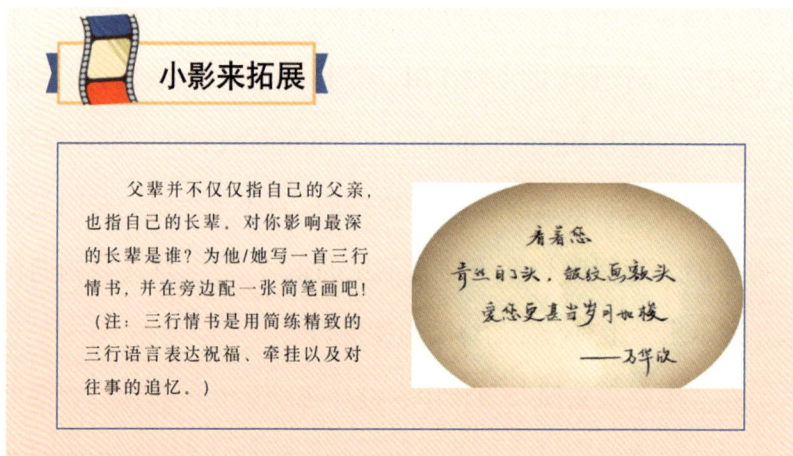

图4-14 《我和我的父辈》之"小影来拓展"版块

最后，学生需要在"小影来鉴赏"（如图4-15所示）版块中完成对电影的评价，分"电影喜爱度"和"观影收获感"两个维度，评价手段包括客观评星和主观评价。该部分不仅是学生对电影课程最重要的教学内容——电影本身的评价，更是电影课程老师后续进行影片调整的重要参考。学生在评价时，也会进一步思考："我在这部电影中有哪些收获？"

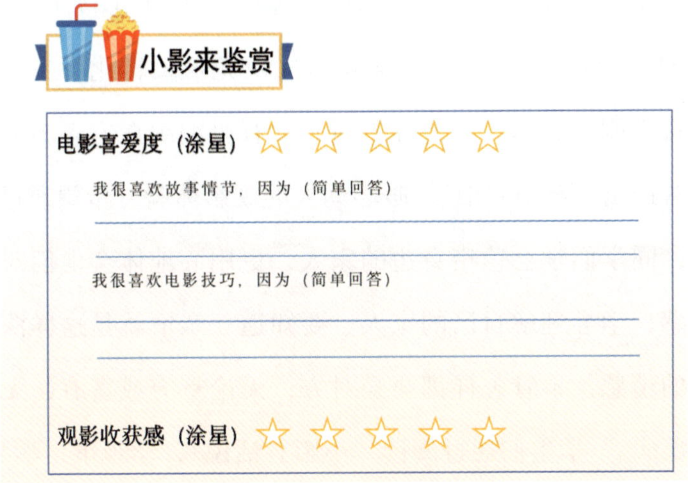

图 4-15　"小影来鉴赏"版块

5. 第五部分：德育课堂　回归总结

立德树人是电影课程的核心目标。一部电影能够提供给学生丰富的学习内容，但作为一堂课，最终要回归于教学设计最初的德育点。每部电影的读本都会以"小影有话说"（如图4-16所示）收尾，这个部分如同主题留声机，给学生最直接、最有力的总结。

如在读本《八佰》的"小影有话说"中，这样写道："电影里那些响亮而遥远的名字将永远在英雄墙上闪光，他们是谢晋元、雷雄，是小湖北、端午。他们坚毅的眼神、温暖的兄弟情、对亲人深切的惦念，将永远被我们记住。回首在艰苦卓绝的抗日战争中，全体中华儿女为国家生存而战、为民族复兴而战，民族觉醒之深刻，战斗意志之顽强……吾辈青年，当继承其志，奋发图强。"再如《快把我哥带走》的电影读本上写道："电影版《快把我哥带走》成功将二次元形象转化为三次元世界，将喜剧、奇幻、亲情等不同元素有机编织在青春类型叙事中，营造出'笑中有泪'、暖心动人的观影体验。希望通过观看影片，同学们学会珍惜身边的家人，更用心地体会他们对自己的情感，学会理解自己的家人。要知道，亲情就是这样深邃且厚重的情感，不管怎样都会爱对方，无论贫穷或富有，无论健康或疾病。"学生们通过阅读"小影有话说"，学观事、学为人、学处世，从而成长为更好的自己。

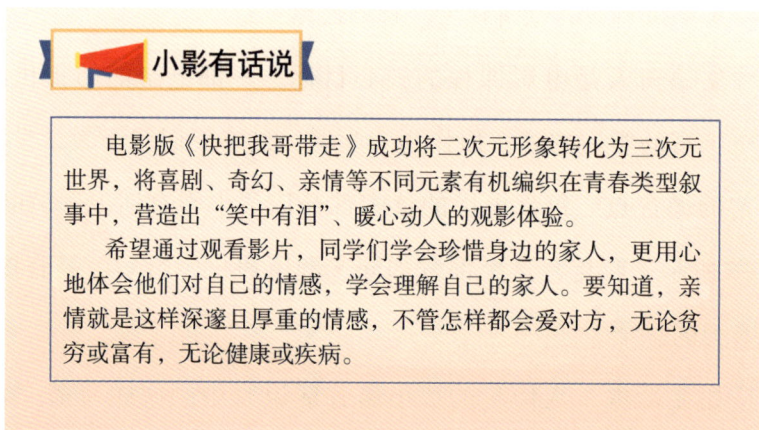

图4-16 《快把我哥带走》之"小影有话说"版块

## （四）第四学段读本

第四学段指10—12年级，该学段的电影读本是根据北京市二十一世纪学校十二年一贯制电影课程总目标及大纲编写的，它体现了电影课程的特点，与影片教学配套使用。读本在文本选择方面突出了人文性、经典性、新颖性的原则，在体例方面又凸显因学段的不同，形式的差异化，是高中电影课程必不可少的学习参考用书。下面以十二年级读本为例说明。

每一课由"电影海报"、"电影信息"、"故事简介"、"荐影理由"（包括剧情撷取、创作特色等）、"电影延展"、"经典台词"、"思考问题"等七部分构成。如何制作"电影海报"在上一节"第三学段读本"中已详细介绍，在此不赘述，重点介绍另外六部分。

1. "电影信息"——了解影片的钥匙

这部分内容比较固定，基本包括导演、编剧、主演、片长、上映日期等。

之所以列出"编剧""导演"及"主演"等信息，是因为：一部成功的电影和好的剧本密不可分，而导演对剧本的理解使影片打上了导演的烙印；导演的艺术追求、文学理解、美学修养等直接影响到演员对角色的塑造。影片的艺术创作是以导演为中心的，但对观众来说，却是以演员为中心。

虽然"编剧""导演"及"主演"等信息需要列出，但我们在电影课程读本中不宜盲目地过多地宣传这些信息，以避免学生盲目追星。当涉及一些老电影及一些德艺双馨的老艺术家时，可以进行宣传，引导学生学习他们的可贵品质。例如，1982年拍摄的影片《茶馆》中的老艺术家就值得今天的学生去认识。所以，可以在该课读本中附上这些老艺术家的介绍材料。

2."故事简介"——走进影片的门

电影故事简介是吸引观众观影的重要部分。

如何写故事简介？其中的技巧很多，如简洁明了，让观众在几秒钟内了解你要讲的故事；引人入胜，通过展示情节、角色、场景或音乐等吸引观众的兴趣；凸显独特性，让观众认为这部电影与其他电影不同，能够给他们带来新的体验；拟定吸引人的标题，引发观众对电影的兴趣；制造悬念，使观众想要了解更多，从而更有可能想看这部电影。

总之，编写故事介绍时，一是不能介绍太多，要"犹抱琵琶半遮面"；二是要设置悬念，让读者不看不快；三是要关注影片故事的价值。例如，《触不可及》的影片介绍这样写道："……菲利普也能在戴尔的迷途中及时指点迷津，让戴尔从玩世不恭的混混，成长为可靠的男人。现在来看'触不可及'这个标题，实际上正是在两人的不断'触碰'下，才得以融化坚冰，找到意义。通过'触碰'，他们也跨越了种族、阶级和文化差异，形成亲密的人生战友情。"这里重点抓住了影片的主题——影片主人公如何由"触不可及"到成为彼此值得信赖的朋友，这也是本节课的学习目标之一：引导学生学会如何与人相处。

3. "荐影理由"——认识电影价值

这部分内容最为丰富，没有固定模板。主要是从课程编写者角度向观众——学生讲述影片值得观看的原因。以十二年级的 8 部影片为例，其"荐影理由"概览如表 4-2 所示。

表 4-2　十二年级 8 部电影的"荐影理由"概览

| 序号 | 影片 | "荐影理由"中的主要内容（从哪几个方面来写"荐影理由"） |
|------|------|------|
| 1 | 《茶馆》 | 电影主题——历史，爱国；剧情撷取；创作特色 |
| 2 | 《红海行动》 | 电影主题——军旅、爱国；创作特色 |
| 3 | 《触不可及》 | 电影主题——生命认知、友情；角色赏析 |
| 4 | 《开心家族》 | 电影主题——家庭亲情；导演专业和演员敬业 |
| 5 | 《那山那人那狗》 | 电影主题——亲情、爱岗敬业；导演专业和演员敬业 |
| 6 | 《唐山大地震》 | 电影主题——灾难、亲情；创作特色 |
| 7 | 《新龙门客栈》 | 电影主题——侠义、爱国；导演专业和演员敬业 |
| 8 | 《银河补习班》 | 电影主题——亲情、教育；电影的教育意义 |

从表 4-2 中可以看出，8 部影片题材丰富，主题主要涉及爱国、友情、亲情。选择"荐影理由"时，我们结合电影课程大纲的要求，重点引导学生思考电影的主题，引导学生感悟影片的教育意义。电影读本《那山那人那狗》的"电影主题"如图 4-17 所示。

荐影理由

电影主题

　　亲情，爱岗敬业；《那山那人那狗》讲述的是一段发生在父子之间的故事，父亲作为一个即将退休的乡邮员，在茫茫的深山中送了一辈子的信，因为病痛的缘故，不得不由自己的儿子来接替送信的工作。在儿子第一次送信的时候，父亲因为不放心，于是与儿子一起踏上了送信的旅程。在影片刚开始的时候，我们可以看到儿子与父亲走在路上的距离，是隔得很远的，但是到了影片的后面，儿子与父亲之间的距离已经很近了。在这一次的送信过程中，父子之间多年的隔阂得以消除。年轻的儿子终于理解了数十年来父亲邮差工作的辛苦和意义，而父亲也了解到了儿子这么多年以来的等待与无奈，于是，在青山绿水间，父子之间的矛盾得以化解。

图 4-17　《那山那人那狗》荐影理由中的电影主题

　　电影主题最能体现影片的教育意义，电影主题的发掘是读本荐影理由中最重要的一环。《那山那人那狗》的主题既体现了父子情深——儿子随着父亲送邮件，一路实践看到了父亲工作的不易，同时也看到了父亲近十年工作的意义；更将学生的思考上升到了职业价值的层面，人一辈子的意义究竟是什么？这里不禁让人想起《钢铁是怎样炼成的》中的一句话："人的一生应当这样度过：当回忆往事的时候，他不会因为虚度年华而悔恨，也不会因为碌碌无为而羞愧；在临死的时候，他能够说：我的整个生命和全部精力，都已经献给了世界上最壮丽的事业——为人类的解放而斗争。"这样的催人奋进的话似乎已经离我们远去，但是借助这样的影片却能唤醒人们久违的记忆。通过这部影片，学生们能够懂得，钱学森、邓稼先、袁隆平、屠呦呦等名人为国家做出了伟大的贡献，而作为一名普通的邮递员，一样可以创造自己的价值。"三百六十行，行行出状元"，这样的职业教育对于孩子来说是非常有意义的。

4. "电影延展"——从影片内走向影片外

"电影延展"包括影片细品、影片花絮、媒体评价、创作特色等，总之，延展的是影片背后观众所不知道的，延展的是观众观看时容易忽略但是很重要的，延展的是作品需要深入分析的内容。

例如，在《红海行动》这部影片的读本中，教师结合当前军旅题材影片热播的背景，专门选了一篇解放军报刊载的文章《国产军事题材影片——新的春天已经开启》，从专业角度分析了军事题材热播的原因，为学生审视、思考电影提供了借鉴。在《新龙门客栈》读本中，链接了文章《香港十大经典武侠片》，这篇文章能提升学生的电影鉴赏能力，为学生课后选择影片提供一些建议。

5. "经典台词"——留下影片最深刻的记忆

电影台词是电影传达思想和情感的最重要的渠道。台词彰显人物性格，台词体现影片文学价值。台词因幽默风趣、含蓄蕴藉、极具个性等特点被观众牢记，很多影片名字会被人忘记，但是经典台词却被人口口相传。

什么样的台词会被观众牢记甚至津津乐道呢？首先就是富含哲理、言简意赅的台词，例如电影《红海行动》中的台词（如表4-3所示）。

表4-3　电影《红海行动》中收录到读本里的经典台词

| |
|---|
| 1. 正者无惧，勇者天行。 |
| 2. 我不怕死亡，我怕的是没有任何办法。 |
| 3. 战场上，子弹是躲不掉的。 |
| 4. 你经历过无助吗？当你在黑暗中迷失，找寻不到出路，也看不到任何一丝光芒的时候，我相信，任何人的内心都身处崩溃的边缘。当那一缕光芒出现的时候，我相信没有人会拒绝。而中国军人，一直在演绎着这缕光芒。 |
| 5. 你还记得我们是怎么成为"蛟龙"的吗？我们经历了多少困难，想过多少次放弃，可还是坚持下来了，不是吗？能站在这儿，就说明我们每一个人都是合格的。想想我们的口号："强者无敌！" |

这些台词语言朴素，但是道理却正是蕴含在看似简单的叙述中。这些台词极其符合军人身份，给人以鼓舞。这种精神对于生活在和平幸福生活中的青少年来说，意义更大，因为他们没有经历过多少失败，更应该学习并传承军人的精神。

再看电影《茶馆》中的经典台词（如表4-4所示）。

表4-4　电影《茶馆》中收录到读本里的经典台词

| 1. 时代是英雄的时代，生活是人民的生活。 |
| --- |
| 2. 现在想起来，大清国不见得好，可是到了民国，我挨饿了。 |
| 3. 我爱咱们的国呀，可是谁爱我呢？ |
| 4. 改良！改良！越改越凉，冰凉！ |
| 5. 你还能把那点意思，闹成不好意思吗？ |
| 6. 死马当活马治？那是妄想！死马不能再活，活马可早晚得死！ |

不得不说老舍先生是一位语言大家，这些台词含蓄幽默，又充满着心酸。三教九流的台词让观众看到了戊戌变法失败后，北洋军阀时期及国民党统治时期人们一日不如一日的生活状况。《茶馆》中的人物语言都是纯正的北京口语，句子短、句法灵活而又生动传神。自然贴切地传递着北京的政治文化气息和北京市民的个性化特点。如茶馆老伙计李三，在清朝灭亡了十几年之后，还是不肯剪掉他的小辫子，他有自个儿的"说道儿"："改良！改良！越改越凉，冰凉！"台词也传递出世道比前清还糟糕的政治气息。如松二爷说："现在想起来，大清国不见得好，可是到了民国，我挨饿了。"极具个性化的语言给观众留下了深刻的印象。宋恩子、吴祥子的语言则狡猾奸诈、傲慢无理，具有老牌特务的特点："你还能把那点意思，闹成不好意思吗？""死马当活马治？那是妄想！死马不能再活，活马可早晚得死！"……

这些台词能够让观众生动地了解中国近代历史，进而更好地领悟"只有中国共产党才能救中国"的内涵。

6."思考问题"——提升学生思维

每一课电影读本的最后都会有"小影来思考"栏目，这里的文字能够引发学生思考，加深学生对于影片的印象，深化学生对影片主题的思考，同时起到"言有尽而意无穷"的效果。例如，在电影读本《那山那人那狗》的"小影来思考"栏目中这样写道："当代青年在求职时，往往向往高工资大城市。现在还能像影片中父子那样坚守岗位，坚守大山，坚持为淳朴的乡亲们留下来奋斗一生的人值得我们敬佩。还想起另外一部电影《牧马人》，主人公也是不愿离开草原去美国继承遗产。在物质财富与精神财富面前，我们如何取舍？这恰恰是今天的青少年应该思考的。"

综上所述，编写电影读本要把握学生的身心特点和成长规律，以立德树人为核心任务，兼顾知识性和可读性，力求让读本成为电影课的最好补充。读本在编写中还有很多值得思考和推敲的地方，编者也会在读本使用中听取各方意见，以使读本变得更加完善。

# 第五章　电影课堂教学模式

从电影到电影课程，电影不再仅仅是一种消遣工具，而是成为进一步实施素质教育的新举措，成为又一个寓教于乐的新途径。课程化的转变，让孩子们在教师的引导下欣赏电影的同时，获得艺术的熏陶和精神的感染。兴趣是最好的老师，也是上好一节课的关键。当一系列精心挑选的、符合学生身心发展特征、学生感兴趣的影片在课堂上出现时，这堂电影课便已经成功了一半，而好的教学环节设计则是教学成功的另一半。为此，学校在2020年之后，接连开启了两轮电影课程教学实践研究，提炼出了"三环节五活动"的电影课堂教学模式，并形成了电影课程课堂教学设计模板，在一定程度上解决了教师不会上电影课的问题。

# 一、"三环节五活动"的电影课堂教学模式

"三环节五活动"教学模式，即观影前、观影中、观影后三个环节，情境导入、问题引领、完整观影、问题探讨、实践拓展五个课堂活动。

## （一）观影前环节

观影前环节，指从上课铃响到正式播放影片前这个时间段开展的教学活动。该环节要完成两项教学任务，一是激发学生观影兴趣，二是引导学生思考。

一节好课，导入是关键。有的影片可能没有过多的娱乐性或者学生之前已经看过了，所以对观影的兴趣和课堂的注意力就有所下降。这时，就需要教师进行富有针对性的引导，提出能够引发学生思考的问题，为实现本课的学习目标奠定基础，将学生观影的关注点引导到学习目标中来。一般建议设计"情境导入"和"问题引领"两项活动。

情境导入，其形式多种多样，包括：相关主题的视频导入、情景导入、访谈导入、电影插曲、舞蹈展示、趣味比赛等。教师根据学生的年龄特点、电影主题及时事热点等来选择合适的导入方式。如一年级老师在组织电影课《玩具总动员》的教学

时，穿上道具服变身为电影主人公"巴斯光年"，和同学们亲密接触，满足一年级学生喜爱玩具、渴望友谊的情感需求；在2022年九年级的电影课《智取威虎山》中，因为小栓子的扮演者是在2022年北京冬奥会中为国争光的滑雪运动员苏翊鸣，所以教师便从苏翊鸣的相关纪录片及冬奥会比赛视频引入，既进行了榜样教育，又激发了学生的观影兴趣。

问题引领，即教师提出1—3个具体问题，让学生带着问题看电影，促进学生思考，引导学生看电影时的关注点。那么怎么提问能让学生不觉得兴趣索然和无所适从呢？第一，问题的设计要有梯度性，由易到难。以电影课《建党伟业》为例，在导入环节时共提出了3个问题："中国共产党是什么时候成立的？从1911年到1921年，中国共产党成立之前的十年之间发生了哪些历史事件？当你看到北大的游行学生高举'还我青岛'时，你是什么样的心情？"3个问题从简单的知识性问题到情感表达性问题，以情感人，逐步激发学生爱国情感。第二，问题的设计在表述上要符合学生认知水平，便于学生理解，尤其是对于低年级学生。如在电影课《玩具总动员》中提出的两个问题："亲爱的小朋友们，你还记得爸爸妈妈给你买的第一个玩具吗？今天我们的影片中又来了几位新朋友，看看你最喜欢谁？"两个问题在表述上易于让低年级的学生理解并作出回答。

### （二）观影中环节

在观影环节，采取"完整式观影"还是"片段式观影"，业内学者们的意见不一。有的认为应该不打断学生，让其有完整的代入感，全身心地投入其中。但也有学者认为如果教师不插入讲解，学生的理解很可能不到位，会存在看不懂的情况。

针对这个问题，电影课程课题组曾在问卷调查中多次征求学生和教师的意见。以 2021 年 12 月的问卷调查结果为例，一年级 152 位学生中，59.9% 的学生希望老师在关键情节暂停一下给大家讲讲，认为老师讲解能启发思考，而有 14% 的学生反对暂停；三年级 158 位学生中，63% 的学生很喜欢插入讲解，22% 的学生反对；在五年级 140 位学生中，40% 赞成，55% 反对；在六年级 97 位学生中，17% 赞成，78% 反对。可见，随着学生年级增高，越来越不喜欢教师插入讲解。所以，根据研究结果，建议根据学情和影片难度来决定观影方式，尽量不打断观影，创设有沉浸感的观影环境，让学生全情投入地去观看电影。但也会根据授课需要进行适当处理，如当学生年龄较小，理解力、注意力相对较差，不能很好地理解影片内容时，可以适当加入解说；当出现不符合学生当前年龄的限制性镜头或者情节时，在保证主线剧情通畅的前提下，会进行适当剪辑处理。不论是否加入解说，我们给学生呈现的都是完整的影片，让学生有完整的观影体验。我们将此环节的教学活动称为"完整观影"。

### （三）观影后环节

观影后，首先是问题探讨环节，即针对观影前提出的问题开展有层次的探讨，学生通过回答问题，不仅培养分析问题、解决问题的能力，同时也加深了对影片的理解。如在电影课《我们诞生在中国》中提出的三个问题："（1）影片主线讲述的三种动物是什么？讲了他们的什么故事？除了三种动物外，还提到了什么动物？（2）动物之间的亲情也是真实存在的，你最喜欢哪个动物的亲情故事？为什么？（3）你觉得自然和人类的关系是什么样的？人应该怎样对待大自然？"在此番探讨中，让学生们重温影片中的祖国的自然风光之美、生命的动人以及亲情的可贵，同时让学生正确认识人与自然的关系，树立正确的自然观，保护我们的生态环境，进一步落实本节课的教学目标。

在完成问题探讨教学活动后，若还有时间，可以增加实践拓展活动作为课后延伸。

实践拓展活动指根据电影主题和学生特点，设计如"涂鸦表达""花絮抢答""故事延展""经典语录赏析""一句话说感想""给电影主人公留言"等多种形式的活动。它打破了传统的写读后感的任务模式，通过多种活动，带动学生理性思考，帮助他们升华情感，形成正确的价值观。同时，通过绘画、语言、文字、表演等方式，提升学生思维能力、情感表达能力和思想表达能力。例如在电影课《摇滚藏獒》的实践拓展活动中，教师设计了"趣味涂鸦"这一活动，让学生们用自己的画笔，替波弟感谢山羊吴福利对自己的鼓励和帮助。此外，学生们在画完画后会上台阐述自己的创作理念。实践拓展活动一般尽量在课堂中完成，以深化学生对影片的理解，拓展学生的思维。

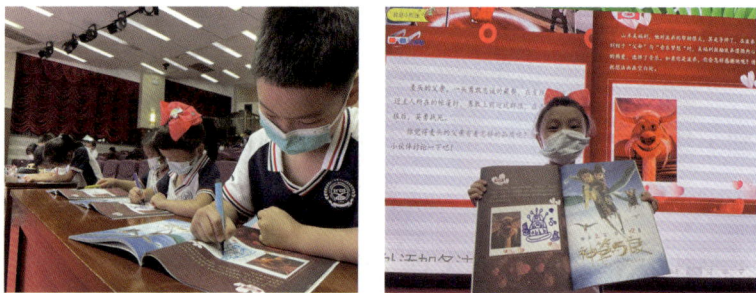

图 5-1　实践拓展活动

当然"三环节五活动"教学模式是电影课程课堂中的典型实施流程，并非唯一规定的教学流程，教师可以根据教学需要灵活设计教学过程。此外，老师们在课后也可以组织学生进行花样看电影、特色评电影、积极演电影、自主拍电影等相关拓展活动。具体活动如电影座谈会、"一元公益"延伸活动、动画人物 Cosplay、电影剧本续写与仿写、影评大赛等，在丰富学生课余生活的同时，也持续发挥影视作品育人的作用。在本书第六章中将会详细介绍各类电影拓展活动。

## 二、教学设计案例

在电影课程的实施过程中，在充分考虑课程目标的基础上，我们形成了电影课程的八大主题，八大主题可以更好地引导教师去选择电影（如表 5-1 所示）。同时我们设计了电影课程课堂教学设计模板，以规范教师的教学环节，让教师明白教什么、怎么教。主要包括教学基本信息、选择这部电影的理由、学习这部电影的目的、学习这部电影的流程、师生共学这部电影的感想等版块。

表 5-1　八大主题及解析

| 序号 | 主题模块 | 主题解析 | 主题细化 | 案例 |
|---|---|---|---|---|
| 1 | 自我认同 | 讲述主人公自我认同、自我成长的电影，引导学生树立成长目标，实现自我成长 | 自我成长、友情、勇敢、协作 | 一年级《玩具总动员》；二年级《邂逅大王奇遇记》 |
| 2 | 情感体悟 | 凸显亲情、师生情、友情等情感元素的电影，使学生学会尊重他人、爱他人 | 亲情、友情、尊重与包容 | 三年级《孙子从美国来》；八年级《飞驰人生》 |
| 3 | 社会责任 | 聚焦现实，传递社会责任感的电影，引导学生感受人间大爱，懂得担当 | 责任意识、勇敢、坚毅 | 四年级《钱学森》；十年级《辛德勒的名单》 |
| 4 | 青春同行 | 讲述学生成长道路上青春故事的电影，助力形成良好的同伴关系、家校关系、师生关系 | 友情、亲情、成长 | 五年级《草房子》 |

续表

| 序号 | 主题模块 | 主题解析 | 主题细化 | 案例 |
|---|---|---|---|---|
| 5 | 中国灵魂 | 讲述中国的历史故事、彰显家国情怀的电影，以红色电影为主，培养学生的爱国情怀 | 爱国、责任、尊严 | 六年级《建党伟业》 |
| 6 | 自然之歌 | 赞颂自然之美的电影，让学生明白人与自然和谐共生、相互依存 | 自然之美、亲情、生命 | 七年级《我们诞生在中国》 |
| 7 | 生命认知 | 涉及安全、健康、生死等的电影，让学生懂得珍惜生命、学会生存之道 | 社会责任、生命认知 | 九年级《我不是药神》；十二年级《触不可及》 |
| 8 | 文明感召 | 介绍中华优秀传统文化及世界文明的电影，引导学生知礼节，坚守道德准则 | 文化传承、人文情怀 | 十一年级《百鸟朝凤》 |

　　具体来说，在教学基本信息版块中，介绍了电影名称、授课时长、授课人、所属德育模块、课程主题等信息，尤其是德育模块和课程主题，能快速确定本节课的授课方向；选择这部电影的理由版块主要包括教学内容分析和学情分析，结合学生的已有知识经验和心理认知特点，开展教学内容分析，为教学策略选择和教学活动设计提供依据；学习这部电影的目的版块明确了本节电影课的学习目标，确定本节课的学习内容和需要达到的程度；学习这部电影的流程版块具体说明教与学的过程，即完成"三环节五活动"的整体活动设计。接下来，我们将以具体的案例进行说明。

## （一）一年级案例：《玩具总动员》教学设计

| 一、教学基本信息 | | | |
|---|---|---|---|
| 电影名称 | 《玩具总动员》 | 片长 | 78 分钟 |
| 德育模块 | 自我认同 | | |
| 课程主题 | 自我成长、友情、勇敢、协作 | 年级 | 一年级 |
| 授课时长 | 110 分钟 | 授课教师 | 陈静 |
| 二、选择这部电影的理由 | | | |

1. 教学内容分析

《玩具总动员》是由约翰·拉塞特执导的一部动画电影。

影片讲述的是 6 岁小男孩安迪的玩具们的故事。电影围绕着新玩具太空骑警巴斯光年与旧玩具头领牛仔胡迪之间的斗争与合作，讲述了两个主人公从争夺主人安迪喜爱、互不相容的竞争者到成为摒弃前嫌、互相帮助的同伴，一起克服困难，最终返回自己的世界，并找回自我的故事。

《玩具总动员》融合了许多喜剧元素，在触动学生内心的同时也把他们逗得发笑，使故事变得更加真实和容易理解。这部电影让学生对于友情有了新的理解，也使他们学会了在集体生活中的相处之道。

2. 学情分析

一年级的小朋友，从学前步入小学，是一次身心发展的重大转折点。初入校门的他们，面对陌生的环境和新的人际关系，存在一个心理适应的过程。他们必须学会怎样与新同学一起游戏、一起做事，怎样解决不可避免的冲突。他们在寻找游戏玩伴以及参与其他社会性活动中，发挥主动性，并逐渐形成自信的人格、合作的品质。

《玩具总动员》作为他们踏入小学的第一部观影影片，以身边的玩具为切入点，既符合一年级学生的年龄特点，又生动有趣贴近生活，能够引发学生的观影兴趣，帮助其迅速融入故事当中，感受主人公之间的情感变化；让学生理解集体生活的相处之道是要学会接纳和宽容，学会为他人着想；帮助学生们顺利融入学校生活，并获得参与感与成就感，从而热爱新学校，热爱新生活。

续表

| 三、学习这部电影的目的 |
|---|
| （1）我能说出证明巴斯光年很勇敢的一件事，并且向它学习。 |
| （2）通过观影，我能了解新玩具巴斯光年是如何融入新环境的。 |
| （3）我能分享一种和新同学友好相处的小办法。 |
| 四、学习这部电影的流程 |
| 环节一：观影前环节 |
| 活动1：情境导入<br>在"影视殿堂"的门口，"巴斯光年"轻轻地抚摸着一年级小朋友们的小脑袋。老师化身动画主角，让孩子们轻松又快速地进入好奇和兴奋状态。 |
| 设计意图：教师身穿道具服激起了不知情的学生们的好奇心，通过这样的方式拉近了学生与电影里的小主人公之间的距离。 |
| 活动2：问题引领<br>教师："亲爱的小朋友们，你还记得爸爸妈妈给你买的第一个玩具吗？"<br>学生：……<br>教师："你的玩具中最喜欢的是哪个？为什么？"<br>学生：……<br>教师："今天我们的影片中又来了几位新朋友，看看你最喜欢谁？" |
| 设计意图：<br>以问题引导的方式，提出从"喜欢哪个玩具"到"喜欢谁"两个层面的问题，让学生带着思考观影，为教学目标的达成做好铺垫。 |
| 环节二：观影中环节 |
| 活动3：观影释疑<br>观看影片《玩具总动员》。 |
| 设计意图：欣赏影片活动，与影片情节产生情感共鸣。 |
| 环节三：观影后环节 |
| 活动4：问题探讨<br>（1）剧情回顾。<br>同学们，还记得这个片段吗？<br>快点跟我一起来读一读，体会一下胡迪当时的心情吧！<br>Woody：Buzz！ You're flying！<br>（巴斯！你在飞！） |

续表

Buzz: This isn't flying. This is falling with style!

（这不是飞，是有型有款地下坠！）

Buzz: To infinity and beyond!

（飞向宇宙浩瀚无限！）

（2）问题引申。

问题1：你想跟影片中的哪个玩具做朋友？你觉得它身上有哪些特点吸引了你？

主角：

胡迪：领袖、知错能改、聪明机智、充满希望……虽然它会因为嫉妒的情绪做一些不好的事情，但是能够及时认识到自己的错误；在面对危险和困难时，不放弃希望，能够团结身边的伙伴，共同解决问题。

巴斯光年：聪明善良、有梦想，有面对自己的"平凡"和"普通"的勇气。没有超能力，却依然能够战胜困难。

其他角色：（学生可以自由发挥，教师正向引导）

蛋头先生和太太：老好人，但有时会做一些费力不讨好的事情，好心办坏事。

弹簧狗：舍身救友。

队长和士兵：侦察大师、坚守"绝不抛弃战友"的原则。

女牛仔玩具翠丝：乐于助人、热心，希望能重新给孩子带来欢乐。

问题2：你能说一说新玩具巴斯光年是如何融入新环境的吗？

答案方向：首先是镇定，在身处新环境的时候，不惊慌，认真观察周围情况；其次是自信，相信自己的与众不同，并乐于展示与分享；最后是认同，接受了自己玩具的身份。

问题3：新的学期，我们来到了新的集体里，大家有没有可以跟新同学相处的小妙招呢？

答案方向：（1）有礼貌，记住别人的名字，主动打招呼；看见人了要微笑。（2）乐于助人，当同学处于困境时，能够主动帮助。（3）学会分享（有趣的事、好玩的游戏、好吃的食物等）。（4）宽容和尊重，当别人不小心弄坏你的东西向你道歉时，要用一颗宽容的心对待；不嘲笑别人的缺点和不同，尊重别人。（5）学会赞美，能发现同学的优点，并积极表达出来。（6）勇于承认错误，及时道歉。

| |
|---|
| 设计意图：<br>（1）同学们通过回忆经典片段里的内容，体会主人公当时的心情。<br>（2）同学们通过分析人物的性格，明确自己欣赏它们的理由。<br>（3）同学们通过思考巴斯光年是如何融入新环境的，来分析自己来到了新的集体里应该如何去与新同学友好相处。<br>（4）情感进一步升华，让学生真正体会友谊的珍贵。 |
| 活动5：课后延伸<br>（1）创作部分。<br>可以把你在电影中最喜欢的玩具画下来吗？<br>（2）我来评分。<br><br>电影评分 ☺ ☺ ☺ ☺ ☺ ☺ ☺ ☺ ☺ ☺<br><br>（3）惊喜返场。<br>观影之后第二天，教师继续化身巴斯光年与孩子们一起互动（例如：巴斯光年来看你开心吗？有没有想要对巴斯光年说的话？）、分享糖果。 |
| 设计意图：<br>（1）学生通过绘画、互动的方式进行反馈，呈现出电影课堂带来的乐趣以及小收获。<br>（2）教师穿着巴斯光年道具服与学生们互动，同学们因这样的呈现方式带来的惊喜感而对下一次电影课程充满期待，首尾呼应。 |

## （二）二年级案例：《邋遢大王奇遇记》教学设计

| 一、教学基本信息 | | | | |
|---|---|---|---|---|
| 电影名称 | 《邋遢大王奇遇记》 | | 片长 | 86分钟 |
| 德育模块 | 自我认同 | | | |
| 课程主题 | 讲卫生、知错能改、团结合作 | 年级 | | 二年级 |
| 授课时长 | 110分钟 | 授课教师 | | 方家琪 |
| 二、选择这部电影的理由 | | | | |

1. 教学内容分析

《邋遢大王奇遇记》是上海美术电影制片厂1985年摄制的同名系列动画片的影院版，并于2012年8月17日在中国大陆上映。电影主要讲述了不讲卫生的邋遢大王被骗到老鼠王国，所经历的惊心动魄的历险之旅。

首先，邋遢大王因为不讲卫生被骗到老鼠王国吃尽苦果，让学生意识到养成讲卫生的习惯很重要。

其次，通过主人公从不讲卫生被人嫌弃到讲卫生后被大家喜欢的转变过程，学生学习主人公知错就改、团结合作、克服困难的优秀品质。

2. 学情分析

二年级的学生心理趋向稳定、个人能力提高、思维方式发生了变化，显示出一定的个性特征。个人能处理的问题越来越多，自信心不断增强，一年级的恐慌心情已经减少，集体意识逐渐增强。通过电影的形式，将动物拟人化，直观地来摆事实，讲道理，让学生深刻意识到讲卫生的重要性，养成良好的行为习惯。同时让学生在故事中意识到同伴之间互相帮助的意义。

| 三、学习这部电影的目的 |
|---|

（1）我知道养成讲卫生的习惯很重要。

（2）我从邋遢大王身上学会知错能改，成为一个受欢迎的人。

（3）遇到困难时，我能勇敢面对，并与他人合作一起解决问题。

续表

| 四、学习这部电影的流程 |
|---|
| 环节一：观影前环节 |
| 活动1：课前导入——歌曲赏析<br>欣赏歌曲《小邋遢》，认识电影的主人公邋遢大王。<br>提问：同学们，听完这首歌，猜一猜我们的电影主人公有什么特点？不讲卫生的后果是什么？他最后有什么变化？<br>引导：邋遢，一般指不整洁、不利落、脏乱。邋遢大王一开始很邋遢，没有人喜欢他，最后他变得不邋遢，开始受到大家的欢迎。 |
| 活动2：问题引领<br>故事背景：邋遢大王不讲卫生，脏东西也照吃不误。老鼠王国的密探尖嘴鼠看中了他，在橘子水里投下药丸，邋遢大王喝了以后，一下子变成与老鼠一般大小。他跟着尖嘴鼠来到老鼠王国。他不愿待在那里，几次逃跑……<br>（1）你知道"四害"指的是哪四种动物吗？说说老鼠对人类的危害有哪些？<br>（2）误入地下鼠国的邋遢大王发现了一个重大秘密，他发现了什么秘密？<br>（3）邋遢大王到底有没有成功逃离地下老鼠王国？如果有，那他是怎样成功逃脱的？ |
| 设计意图：<br>（1）通过歌曲赏析，让学生快速认识本片主人公，激发学生的观影兴趣。<br>（2）出示观影前的问题，激发学生好奇心，让学生带着问题看电影。 |
| 环节二：观影中环节 |
| 活动3：观影释疑<br>观看影片《邋遢大王奇遇记》。 |
| 设计意图：<br>欣赏影片活动，与影片情节产生情感共鸣。 |

续表

| 环节三：观影后环节 |
| --- |
| 活动 4：问题探讨 |

（1）你知道"四害"指的是哪四种动物吗？说说老鼠对人类的危害有哪些？

"四害"是指老鼠、苍蝇、蚊子、蟑螂。老鼠是"四害"之首。其危害有：① 老鼠几乎所有的食物都爱吃，特别是会在食物上或者附近留下粪便和尿液，主要是为了作为占领标识和给同伴留下信息。② 老鼠是很多疾病的贮存宿主或媒介，如鼠疫、流行性出血热等 57 种，其中鼠疫为甲类的传染病，对人类生命健康有重大威胁。③ 老鼠先天的磨牙和打洞的习性会破坏人类的生产生活用品，如电缆、电线、建筑等，可能会造成重大的损失和危害。

（2）误入地下鼠国的邋遢大王发现了一个什么样的重大秘密？邋遢大王到底有没有成功逃离地下老鼠王国？如果有，那他是怎样成功逃脱的？

老鼠国王要做地球的酋长，所以引诱邋遢大王过来是要在他的身上试验老鼠博士最新研制的病毒，以达到毁灭人类、统治世界的目的。

历经千辛万苦，邋遢大王最终从老鼠王国中成功逃脱。邋遢大王因为不讲卫生以及轻信了老鼠的谎话，使自己陷入了困境。但他能辨善恶，在遇到困难和麻烦时能够机智地化解问题，勇敢地解决问题。当然也要看到团结合作的重要性，邋遢大王也不是第一次就成功逃离了老鼠王国，他在前期单打独斗，试图利用气球、弹弓逃离老鼠王国，但并没能成功。最后和长尾小白鼠、大灰狗、小黄猫等动物朋友团结合作，互相帮助，一起智取宝图、躲过细菌实验的侵害、用爆竹大闹婚礼现场……历经了千辛万苦，终于从老鼠王国中成功逃脱。

（3）你觉得邋遢大王是一个什么样的人？你是从哪里看出来的？

邋遢大王是个有特点、有性格，也有缺点的小孩。邋遢大王虽然不讲个人卫生，随地乱扔垃圾，吃不干净的食物等，但他不是"问题少年"，他具备很多美好的品质。他知识面很广，比如知道黑死病，能够帮小白鼠修理好收音机；他也能够利用身边常见的物品如剪刀、气球、汽油、火柴等，帮助自己摆脱困境；他身体素质很好，武艺超群，可以用武力打败坏老师，帮助动物朋友；他知错能改，在意识到自己的错误后，改正了不讲卫生的坏习惯；他有勇气和责任感，在知道了老鼠国王的邪恶阴谋后，没有选择屈服，而是勇敢地作斗争……任何一个人，都有优点和缺点，对于缺点要改正，同时也要能发现自身优点和别人身上的闪光点。

设计意图：

（1）通过问题探讨，让学生进一步了解老鼠的危害，明白讲卫生的重要性，同时对影片的创作背景有更深刻的认识。

（2）通过对主人公性格特征的深度分析以及引导学生反思自己的成长历程，让学生学习邋遢大王知错就改、团结合作、善良勇敢等品质。

活动5：课后延伸

（1）不爱干净又贪玩的邋遢大王身上有许多缺点，但是经历了这次历险，他知错能改，变得不邋遢、讲卫生、爱整洁。当然影片中还有其他很有意思的人物，如温柔善良的小白鼠、聪明勇敢的小花猫、忠诚的大灰狗……请你结合影片中的人物形象，找到一个让你感受最深的词句，大胆说出你的心路历程吧！

例如：

养成好习惯：讲卫生、锻炼身体、保护环境、保持警惕、不轻信陌生人……

形成好品德：善良、勇敢、冷静、机敏、忠诚、诚实、有爱心、团结友爱、乐于助人、有责任心、有正义感……

让学生分享自己的观影感受，引导学生分享自己的经历，肯定学生在分享中体现的正确的、正向的做法或想法。

| |
|---|
| （2）课下完成：<br>① 找一找：寻找自己或者身边是否有不卫生的行为或现象，可以用画笔或者手机拍摄记录下来，并提出改进意见。<br>② 做一做：请开动你的脑筋，发挥你的创意，设计一个"环保卫生标志"。 |
| 设计意图：<br>通过找一找不文明现象和创意"环保卫生标志"设计活动，让学生提升自身卫生及环保意识，提高创造力，做一个有社会责任感的公民。 |

## （三）三年级案例：《孙子从美国来》教学设计

| 一、教学基本信息 | | | |
|---|---|---|---|
| 电影名称 | 《孙子从美国来》 | 片长 | 89分钟 |
| 德育模块 | 情感体悟 | | |
| 课程主题 | 亲情、友情、尊重与包容 | 年级 | 三年级 |
| 授课时长 | 110分钟 | 授课教师 | 乐泽阳 |
| 二、选择这部电影的理由 | | | |

1. 教学内容分析

《孙子从美国来》是一部以皮影戏的传承保护为生活原型的电影，讲述陕西华县一名独居的皮影戏老艺人杨老头和洋孙子布鲁克斯，两位主人公因生活习惯、语言表达、行为思维以及文化观念等方面的差异而引发一系列朴实而温馨的情感故事，是一部彰显家庭温情与文化包容的动人影片。电影通过中美两国之间的文化碰撞让学生感受中西方文化的差异与融合，了解人与人之间交往的真谛——信任、关爱和鼓励，爱能够使整个世界充满阳光。

2. 学情分析

三年级是小学的一个过渡阶段，与1—2年级不同，三年级是培养行为习惯、学习能力、品德意志的关键期，在学习内容和学习评价上有了许多新的要求。在亲子关系上，自我意识逐渐发展，自我认同感逐渐增强，渴望独立，表现出独立的个性和强烈要求摆脱成人控制的欲求；家长对其关注的重点也逐渐转移到"学习成绩好"这一标准上来，亲子间的沟通容易被忽视。在同伴交往上，对友谊的认识有了进一步提高，但情绪控制能力较弱，情绪易波动，他们渴望发展同伴友情，向往肯定和鼓励，但当感受到不公平和不安全时，内心情感的匮乏容易造成紧张急躁的小情绪，易引发同伴关系"危机"。

因此，在三年级选择影片《孙子从美国来》就显得恰合时宜，大到国与国之间的文化交融，小到人与人之间的理解包容，都可以在这部影片中找到答案，让学生意识到家人的重要性，学会包容不同文化，学会宽容地接纳身边的人。

| 三、学习这部电影的目的 |
| --- |
| （1）从影片中没有任何血缘关系的爷孙俩人间情感由剑拔弩张到逐渐接纳与包容的心路历程中，了解中西方家庭观念和表达方式的异同，学会在细节中体会来自亲人的爱与关怀，在日常生活中尊重、鼓励、关爱他人。 |
| （2）从影片中爷孙俩人分别喜爱的孙悟空和蜘蛛侠、肉夹馍和汉堡等具体情节，体会文化的差异，学会尊重他人，以更加开放和包容的态度对待不同的文化观念。 |
| （3）从影片中爷爷做了皮影蜘蛛侠，布鲁克斯也逐渐爱上皮影戏的过程，感受中国传统艺术的美感和文化内涵。同时传统技艺与国外文化相结合的创新举措，也为解决当代传统文化传承的困境提供了思考和借鉴。 |
| 四、学习这部电影的流程 |
| 环节一：观影前环节 |
| 活动1：情境导入<br>教师PPT展示孙悟空和蜘蛛侠的图片，提问：同学们认识他吗？能来介绍下他吗？他又厉害在什么地方？<br>学生回答：第一张是《西游记》中的齐天大圣孙悟空，他保护唐僧西天取经，聪明活泼、机智勇敢，能上天入地，拥有十八般武艺，隐身术、七十二变、火眼金睛、分身术，一个筋斗云十万八千里，特别厉害。第二张是美国电影里的蜘蛛侠，是一个行侠仗义、力量超凡、身手敏捷、可以飞檐走壁、发网状黏液的"蜘蛛人"。<br>教师总结：一个是中国传统神话人物孙悟空，一个是美国超级英雄漫画人物蜘蛛侠。他们虽然来自不同的国度，但同样机智勇敢，武艺精湛，是人们喜闻乐见的英雄。如果有一部影片，孙悟空和蜘蛛侠相遇了，你觉得他们之间又会发生什么有趣的故事呢？让我们一起走进电影《孙子从美国来》。 |

| |
|---|
| 活动2：问题引领 |
| 教师PPT展示图片，介绍电影主人公。一个是来自中国陕西乡村的传统老艺人爷爷杨老头，一个是来自世界另一端的任性活泼的美国洋孙子布鲁克斯，他们来自不同的国家，接受不同的文化教育，在饮食文化和生活习惯上也呈现出巨大的差异。<br>问题1：差异巨大的爷孙俩人相处得融洽吗？他们之间会遇到哪些矛盾，又是如何化解这些矛盾的？<br>问题2：你知道这部影片还有另外一个名字吗？为什么会有这个名字呢？你觉得影片中反复出现的孙悟空和蜘蛛侠代表着什么？为什么他们会成为世界公认的英雄？ |
| 设计意图：<br>（1）导入环节先后呈现孙悟空和蜘蛛侠人物形象，带领学生感受两个英雄的人物特征，同时引发学生的疑问和好奇心，并为后续问题埋下伏笔。<br>（2）通过层层递进的问题串，从爷孙俩相处过程中的接纳包容到中美不同文化之间的碰撞融合，引发学生的探索欲，能够带着问题看电影，更好实现学习目标。 |
| 环节二：观影中环节 |
| 活动3：完整观影<br>完整观看电影《孙子从美国来》，中间不讲解。 |
| 设计意图：熟悉电影故事情节，感受影片人物细微的情感流露。完整观影以保证情感的代入，能够和剧中主人公产生情感的共鸣。同时保证影片的连贯性，发现影片中孙悟空和蜘蛛侠等多处伏笔，展开思考。 |
| 环节三：观影后环节 |
| 活动4：问题探讨<br>教师展示PPT，请同学们思考并回答问题。<br>（1）差异巨大的爷孙俩相处得融洽吗？他们之间遇到哪些矛盾，又是如何化解这些矛盾的？<br>从一开始相处得不融洽，彼此间疏离与不理解，在经历一系列事件的磨合后，解开心结，彼此逐渐接纳，走向了爱与相互包容。<br>爷孙二人的矛盾主要体现在语言、饮食、观念等方面。 |

语言方面（陕西方言 vs 英语）：语言是沟通交流的桥梁，语言不同，必然会造成一些矛盾和沟通上的障碍。伴随着两人借助中国戏曲和美国童谣，互相学习彼此的语言，二人感情更加亲近，更加理解和包容。

饮食方面（油泼面 vs 汉堡包）：爷爷喜好重口味食物，尤其是油泼面，布鲁克斯表现出明显的排斥，喜好汉堡、牛奶。爷爷多次口是心非，为了满足孙子，在商店老板娘的帮助下，为布鲁克斯做了改良版中国式汉堡，又三番五次向王站长寻求鲜奶。在爷爷源源不断的关心和爱护下，洋孙子也爱上了羊肉泡馍，二人的饮食习惯逐渐趋于融合。

观念方面（孙悟空 vs 蜘蛛侠）：爷爷喜欢中国传统非遗文化皮影戏中的孙悟空；孙子迷恋美国大片里的英雄人物蜘蛛侠。爷爷虽然口口声声称蜘蛛侠为妖精，却在不小心踩坏布鲁克斯心爱的蜘蛛侠后，为了安慰赌气的孙子，深夜挑灯为其制作皮影蜘蛛侠。美国的超级英雄运用中国传统皮影的形式制作出来，也让布鲁克斯逐渐了解并喜欢上中国的皮影文化。孙子熟睡中的喃喃自语"我要看皮影"让人为之动容，也体现了爷孙俩关系的实质性变化。

（2）你知道这部影片还有另外一个名字吗？为什么会有这个名字呢？你觉得影片中反复出现的孙悟空和蜘蛛侠代表着什么？为什么他们会成为世界公认的英雄？

本部电影又名《当孙悟空遇上蜘蛛侠》。爷爷和孙子的相遇，就像孙悟空和蜘蛛侠的相遇。一个喜爱孙悟空的爷爷，一个喜爱蜘蛛侠的孙子，孙悟空是中国文化的象征，蜘蛛侠是西方文化的象征，二者在影片中反复出现，代表着爷爷和孙子之间的相处从矛盾走向融洽，也代表着中西方文化之间的交融。

当美国孙子布鲁克斯好奇蜘蛛侠和孙悟空谁更厉害时，爷爷回答道："为什么不让他们做好朋友呢，一起保护地球……"蜘蛛侠和孙悟空作为中西方文化中英雄的代表，之所以会成为世界公认的英雄，是因为他们都是正义的化身，都具有共同的优秀品质，善良、勇敢、机智、武艺高强、行侠仗义、乐于助人……

| |
|---|
| （3）在生活中你和爸爸妈妈、爷爷奶奶或者同伴之间有产生过矛盾吗？你是怎么解决的？你能分享一种与家人或者同伴相处的小妙招吗？<br>引导方向：学会理解父母，帮助同学，学会尊重和接纳他人。 |
| 活动 5：课后延伸<br>教师展示 PPT，如果孙悟空和蜘蛛侠相遇了，你认为他们能成为好朋友吗？你觉得他们之间会发生什么有趣的故事呢？你能化身为小小编导，续写他们之间发生的有趣故事并表演出来吗？<br>学生课后编写剧本，合作拍摄微电影片段。<br>参考文献：[1] 李蓉. 影视文化传播视域下中西方文化的碰撞与融合——以《孙子从美国来》为例 [J]. 新闻前哨. 2022 年 3 月下. [2] 徐晓娟，张东力. 孙悟空遇上蜘蛛侠：电影《孙子从美国来》中的文化观念 [J]. 电影评介. 2016 年. |
| 设计意图：<br>（1）通过问题探讨与释疑，深入挖掘影片的主旨和意义，感受杨老头和布鲁克斯之间的情感变化，回顾影片中的温情片段，激发学生内心中的温暖、关怀、包容与爱。<br>（2）分析影片中不同国家之间的文化融合，让学生了解在面对异国文化时要以积极包容的心态去面对。<br>（3）通过写一写、演一演的方式，激发学生的兴趣。在和同伴互动的过程中，促进友谊的同时也提升表现能力，领会文化之间的包容。 |

## （四）四年级案例：《钱学森》教学设计

| 一、教学基本信息 | | | |
|---|---|---|---|
| 电影名称 | 《钱学森》 | 片长 | 94分钟 |
| 德育模块 | 社会责任 | | |
| 课程主题 | 爱国、勇敢、坚毅 | 年级 | 四年级 |
| 授课时长 | 120分钟 | 授课教师 | 王娟 |
| 二、选择这部电影的理由 | | | |

**1.教学内容分析**

2014年5月，习近平总书记在座谈会上强调："记住要求，心有榜样，从小做起，接受帮助。"为响应总书记的号召，更好地帮助学生成长，为学生寻找到真正的榜样，我们选择了《钱学森》这部电影。本部影片主要讲述的是我国著名科学家钱学森青年时期赴美求学并学有所成，后在美遭遇不公，在党和国家的帮助下，排除万难终于归国，带领一穷二白的科研团队建设祖国航天科技事业的故事。影片比较完整地呈现了钱学森在美国取得的重大科研成果及遭遇，以及新中国"两弹一星"事业的发展过程。其间特别穿插了一些珍贵的影像资料，如毛泽东、周恩来、钱学森等先辈的影像片段，使学生更为真实地感受那段历史，了解钱学森等科学家的丰功伟绩，引导学生以钱学森为榜样，激发其学习老一辈科学家"热爱祖国、无私奉献、自力更生、艰苦奋斗、大力协同、勇于登攀"的"两弹一星"精神。

**2.学情分析**

我校先后成立多个"世纪名人班"，其中"钱学森班"于2015年成立，大部分同学对钱学森事迹已经有了一些了解。通过电影课程，同学们可以更为直观、全面地了解这位科学家更多不为大众所熟知的故事。同时，四年级的同学正处在科学兴趣启蒙时期，好奇心强，具有探索欲望，通过观看影片，有助于激发同学们学习科学知识和技术的热情，树立"为中华之崛起而读书"的远大志向。

| 三、学习这部电影的目的 |
| --- |
| （1）通过观看《钱学森》这部电影，帮助学生了解"中国航天之父"——科学家钱学森一生的伟大事迹，同时了解我国"两弹一星"的诞生史。 |
| （2）学习钱学森等科学家们的热爱祖国、无私奉献、自力更生、艰苦奋斗、大力协同、勇于登攀的"两弹一星"精神，帮助学生理解科学技术是强国之本，激发学生学习科学、热爱科学的信念。 |
| 四、学习这部电影的流程 |
| 环节一：观影前环节 |
| 活动1：情境导入 |
| （1）出示两个空间站的照片（中国天宫空间站和国际空间站）。<br><br>提出问题：现在太空中在轨运行的空间站有两座，你们知道它们的名字吗？属于哪个国家呢？<br><br>中国空间站：又名天宫空间站，是由中国独立研究制造。<br><br>国际空间站：是由美国、俄罗斯、欧洲、日本、加拿大和巴西等16个国家或地区组织联合研究制造。<br><br>（2）总结：短短几十年，我们中国的航天技术取得如此大的成就，离不开一代代航天人的艰苦奋斗。他们其中有一位科学家被称为"中国航天之父"，你知道他是谁吗？（钱学森）下面就请钱学森班的同学为我们简单介绍一下钱学森爷爷。<br><br>介绍人物经历：<br><br>钱学森（1911年12月11日—2009年10月31日），汉族，生于上海，祖籍浙江省杭州市。世界著名空气动力学家，中国载人航天奠基人，中国科学院及中国工程院院士，中国"两弹一星"功勋奖章获得者，被誉为"中国航天之父""中国导弹之父""中国自动化控制之父"和"火箭之王"。1960年11月，第一枚导弹试射成功。1964年10月，第一枚原子弹试验成功，1966年10月在罗布泊靶场成功试射新中国第一枚核导弹！他的回国让中国导弹、原子弹的发射向前推进了至少20年，使中国成为世界上少数几个具有核威慑能力的国家之一。 |

| |
| --- |
| 活动2：问题引领 |
| （1）为什么加州理工大学杜布里奇院长会发出"回中国你能做什么？难道要去种苹果吗？"的疑问？钱学森是怎么回答的？ |
| （2）在制造导弹的过程中，钱学森团队都遇到了哪些困难或难题？他们是怎么解决的？ |
| 设计意图：利用学生们感兴趣的航空知识作为导入，引出科学家钱学森，通过更为详细的人物介绍，让学生了解钱学森先生的巨大贡献。将问题前置，让学生们带着问题思考，也能够进一步激发学生对主人公的敬仰之情。 |
| 环节二：观影中环节 |
| 活动3：观影释疑 |
| 观看影片《钱学森》。 |
| 设计意图：培养学生良好的观影习惯，通过观影了解科学家们的家国情怀，以及"科学无国界，但科学家有国籍"在真实世界中的体现。 |
| 环节三：观影后环节 |
| 活动4：问题探讨 |
| （1）剧中，当加州理工大学杜布里奇院长感慨于钱学森的才华，恳请他别离开美国，希望他能留下来时，发出了"回中国你能做什么？难道要去种苹果吗？"的疑问。 |
| 钱学森回答道："很遗憾，让您失望。来美国之前，我就抱定了信念，学成必归，报效祖国，谁也不能阻挡我。"接着他又笑了笑，说："如果这（种苹果）是报效祖国的唯一方式，我也愿意去做。" |
| 为什么会有这样的问答？把钱学森当时在美国的工作环境的照片和当时在中国的工作环境照片进行对比，可以很明显看出二者之间的巨大差距。在这样似乎"不难"抉择的问题中，钱学森毅然决然地选择了"归国"这条更加艰难的道路。"科学无国界，但科学家有国籍。"我们要学习钱学森胸怀祖国、赤诚忠贞的爱国精神。 |

（2）在制造导弹的过程中，钱学森团队都遇到了哪些困难或难题？他们是怎么解决这些困难的？

新中国成立之初，我国在技术、人才、工业制作等方面均落后于世界水平。钱学森带领科研团队从仿制苏联导弹入手，利用现有技术和条件逐步突破、完善，最终成功进行了导弹和原子弹"两弹结合"的试验，推动我国国防现代化建设向前迈进了一大步。

（3）短短70年，中国科技从"一穷二白"，到取得"两弹一星"、载人航天与探月工程、北斗导航、载人深潜、量子科技等一系列举世瞩目的重大成就。以钱学森、钱三强、邓稼先等为代表的科学家，以杨利伟为代表的航空人，以及无数默默奉献的科技工作者们，正是这么一群可歌可敬可爱的人，用信念与勇气、责任与担当，建设我们的国家，守护着国家的安宁和人民的幸福。请为他们写一封短信，告诉他们你想说的话。

21世纪，中国创造了一个又一个奇迹，科技日新月异，经济飞速发展。然而，在这繁荣昌盛的背后，是无数革命先烈和科技工作者们用生命、青春和汗水换来的。面对困难，他们没有放弃、没有退缩。正是有他们的负重前行，我们才得以拥有今天的幸福生活。我们要学习钱学森等老一辈科学家们勇于攀登的探索精神和敢于超越的创新精神。从小学榜样，长大做先锋，树立学习为报效祖国的信念，为建设社会主义现代化强国不断奋斗，努力成为担当中华民族伟大复兴大任的时代新人。

设计意图：通过20世纪50年代美国和中国在物质环境上的巨大差距，让学生体会钱学森的家国情怀。让"钱学森精神"走近小学生，加深学生对爱国、信仰、坚持的理解与追求。

活动5：课后延伸

任务1：问一问

问一问你身边的父母长辈，他们儿时的生活条件是什么样的呢？与现在有什么不同？

任务2：讲一讲

小组合作，收集信息，制作一个介绍中国空间站的PPT，做一个中国天宫空间站的小小讲解员。

续表

设计意图：

（1）通过询问自己身边的亲人，听一听他们的成长历程，拉近和长辈的关系；同时，感受时代的变迁下中国在国力、科技发展等方面突飞猛进的变化，铭记前辈们的贡献，珍惜当下的幸福生活。

（2）通过制作PPT和做讲解员，提升学生团队合作意识、信息收集能力、材料整理能力和语言表达能力。通过宣传钱学森事迹，弘扬"钱学森精神"，让其更加深刻地烙印在学生心中。

## （五）五年级案例：《草房子》教学设计

| 一、教学基本信息 | | | |
|---|---|---|---|
| 电影名称 | 《草房子》 | 片长 | 102 分钟（剪辑后 70 分钟） |
| 德育模块 | 青春同行 | | |
| 课程主题 | 友情、亲情、成长 | 年级 | 五年级 |
| 授课时长 | 90 分钟 | 授课教师 | 王月 |
| 二、选择这部电影的理由 | | | |

1. 教学内容分析

五年级电影课《草房子》是一部根据曹文轩同名小说改编的电影，通过对主人公桑桑刻骨铭心的小学六年生活的描写，讲述了五个孩子——桑桑、陆鹤、杜小康、细马、纸月的成长历程。

电影分别由几个小故事组成。主要的故事之一是从桑桑的视角来看陆鹤是如何获得他人的尊重；故事之二讲述的是主人公桑桑与同学杜小康从相互排斥到不知不觉中建立了深厚的友谊的故事；故事之三讲述了桑桑与桑乔之间的父子之情……一个个故事交织在一起，呈现了情节饱满、情感丰富的画面。

通过对影片主人公之间的童年友谊、师生情谊以及父子之情的了解，学生可以认识到正确的同伴关系是什么样的、如何通过合理的方式获得尊重与关爱。

2. 学情分析

五年级作为小学较高年级，学生无论是在生理还是心理上都具有一定的稳定性，并在此基础上不断发展。在情感发展方面，五年级学生情感内容进一步丰富，能够逐渐意识到自己的情感表现及随之可能产生的后果，控制和调节自己情感的能力也在逐步加强。在个性发展方面，自我意识逐步加深，逐渐形成个人内化的行为准则，并且开始对自己的性格、品质进行自我的审视和评价。这部电影对于处于自信、自尊建立关键时期的五年级学生具有很大帮助。《草房子》作为部编版语文四年级下册拓展阅读书目，学生对原著有一定了解，有利于学生理解电影情节，也能让学生将小说和电影进行对比，发现二者在表达方式上的不同。

续表

| 三、学习这部电影的目的 |
| --- |
| （1）能够对电影中的人物和情节发表自己的观点和看法，并了解同伴关系、亲子关系的重要性。<br>（2）能够知道需要通过正确的方式，采取合适的方法正确处理各种人际关系，包括师生间、亲子间、同伴间；树立正确交友观，要通过正确的方式获得他人的尊重与关爱。 |
| 四、学习这部电影的流程 |
| 环节一：观影前环节 |
| 活动 1：了解一些改编自小说的电影<br>《草房子》这部电影改编自曹文轩的同名小说，继承了原著的散文化、诗性的叙事风格。除本部电影外，还有一些由经典小说改编的电影，如《城南旧事》《奇迹男孩》《小王子》《木偶奇遇记》《了不起的狐狸爸爸》等。小说运用语言文字来塑造人物、传递情感，电影运用声音和画面来形成直观感受。所以从小说到电影，叙事结构会有很大不同，也能够加深大家的理解。本部电影就体现得非常明显，同学们可以在观看完之后和原小说对比一下。 |
| 设计意图：通过了解相关的改编自小说的电影，启发学生进行相关名著的阅读和电影的欣赏。 |
| 活动 2：人物介绍<br>向学生介绍电影情节中的主要人物。桑桑——聪明、调皮、爱捣蛋的男孩；桑乔——油麻地小学校长；杜小康——油麻地富庶人家的儿子，成绩优异但因家道中落被迫辍学；陆鹤——是一个秃顶的孩子，用叛逆"报复"学校，用勇敢获得尊重；纸月——身世可怜，是一个恬静、善良、乖巧的孩子。 |
| 设计意图：对于主要人物的了解可以让学生提前对电影进行熟悉，并通过对主要人物的介绍引发学生去思考不同人物之间的关系是怎样建立与发展的，为接下来的观影环节奠定基础。 |

续表

| |
|---|
| 活动3：问题引领<br>（1）以下画面的情节是怎么样的，请你描述一下。<br><br>（2）影片中令你印象深刻的主人公是谁？为什么？ |
| 设计意图：在观影前，设置具有一定梯度的问题，让学生带着问题去观影，启发学生进行主动的思考。 |
| 环节二：观影中环节 |
| 活动4：观影释疑<br>观看影片《草房子》。<br>受到授课时长的限制，以保证学生对情节的完整体验为原则，对原有电影中的部分情节做了剪辑处理，将之前102分钟的电影剪辑为70分钟，主要删减的情节是电影的非主线部分（有关蒋老师情感故事的片段）。 |
| 设计意图：通过观看电影了解故事情节，欣赏影片，与影片情节产生情感共鸣。 |
| 环节三：观影后环节 |
| 活动5：问题探讨<br>方式：小组讨论，代表发言。<br>（1）图片画面的情节是怎么样的，请你描述一下。<br>图片一描述的是陆鹤代表学校参加文艺会演。陆鹤的形象符合戏剧表演的要求，正是在这一场表演中，陆鹤获得了大家的肯定，他那珍贵的自尊心也得到了慰藉。图片二描述的是小康和桑桑一同在麦场骑车的场面，两个伙伴在这一刻打破了之前的隔阂，也正是这次骑车，引发了后续的事件，从而进一步加深了小伙伴之间的友谊。 |

| |
|---|
| （2）影片中令你印象深刻的主人公是谁？为什么？<br>陆鹤：不仅仅是因为他与众不同的外表，更重要的是陆鹤在通过一系列"叛逆"的行为来挑战老师、学校后认识到自己的错误，并在学校的文艺表演中用自己的行动向大家证明了自己的价值并最终获得了他人的认可。<br>杜小康：他曾经家庭富庶、学习成绩优异。面对家庭的变故，杜小康没有失去对生活的希望，在不能继续读书的时候他找到好朋友桑桑，并对桑桑说："你替我读书吧。"当杜小康在学校门口摆摊卖东西，桑桑放下钱就要走的时候，杜小康又说："你必须要拿一样东西。"这些简短的话语凸显了人物的倔强，也充分展现了人物之间的友谊。<br>油麻地小学的校长桑乔：他从一个爱学生、要求严格的校长，在桑桑病重后逐步转变成了一个温暖的、充满爱意的慈父，向观众展现了不同维度的父爱之情。<br>（3）你认为良好的同伴关系应该是怎么样的？<br>良好的同伴关系应该是能互相尊重、互相理解和包容，能相互分享快乐与悲伤、互相帮助、互相鼓励、共同进步。同时，重视自己的独立性，能够自己肯定和发现伙伴的优点，并给与赞扬。 |
| 设计意图：根据问题来发表自己的观点，引起学生们的共鸣，逐步达到情感、德育的目标。 |
| 活动6：课后延伸<br>重读小说，感受文字的魅力。<br>曹文轩的作品意蕴丰厚，具有诗化散文的节奏感和韵律感。他一直坚守着"追随永恒"的美学，在他的笔下，"美"是无处不在、无人不有的，桑桑、陆鹤、杜小康……他们无不向往着"美"，在他们身上也呈现着"美"。请你重新回顾一下《草房子》小说，重温曹文轩先生的文字之美。同时结合电影，用文字记录下那些"美"的瞬间。《草房子》充满着诗性和少年的纯真、善良美。这部作品无论是整体构思还是语言，都呈现出了浓浓的古典小说韵味，精致、干净、留白。 |
| 设计意图：将小说与电影相结合，让学生在感受到电影魅力的同时，也能感受到文字的魅力。 |

## （六）六年级案例：《建党伟业》教学设计

| 一、教学基本信息 | | | |
|---|---|---|---|
| 电影名称 | 《建党伟业》 | 片长 | 120 分钟 |
| 德育模块 | 中国灵魂 | | |
| 课程主题 | 爱国、责任、尊严 | 年级 | 六年级 |
| 授课时长 | 140 分钟 | 授课教师 | 赵月梅 |
| 二、选择这部电影的理由 | | | |

**1. 教学内容分析**

《建党伟业》是为庆祝中国共产党建党九十周年而制作的献礼影片。

该片讲述了从 1911 年辛亥革命爆发开始至 1921 年中国共产党第一次代表大会召开这段激荡变幻的历史。该片主要由三部分构成：一是背景篇，展现了辛亥革命之后军阀混战的历史背景；二是探索篇，展现从俄国十月革命到中国五四运动的求索过程；三是诞生篇，中国共产党成立。讲述了这十年间，孙中山、陈独秀、李大钊、毛泽东等无数爱国志士，为中华民族寻方探路，为国家的民族危亡不断做斗争的艰苦历程。

**2. 学情分析**

作为六年级的学生，需要加强其对党史的学习，尤其是对中国共产党成立的历史，孩子们缺乏整体系统的认识。如果单纯学习党史的内容，对于 12 岁的孩子来说有一定难度，而利用电影的展现形式，可以增加党史学习的直观性，让孩子上一次生动形象的党史课，符合六年级孩子的年龄特点，从而使学生学习和传承伟大的建党精神，激发学生爱国的情怀，做新时代的好少年。

| 三、学习这部电影的目的 |
|---|

（1）通过观看电影，让学生了解中国共产党成立的历史背景，真切地感受到中国共产党的伟大，理解"没有共产党就没有新中国"的内涵。同时让学生体会到如今幸福生活的来之不易，激发学生对生活的热爱。

（2）通过观看电影，让学生学习毛泽东、周恩来、李大钊等人物的革命事迹，更加深刻地体会到建党精神的内涵，引导学生继承革命先辈的光荣传统，培养刻苦学习的意志。

| |
|---|
| （3）通过观看电影，引导学生在学习和生活中树立"不忘初心，坚守理想"的信念，激发学生社会责任感和使命感，扣好人生的第一粒扣子，牢固树立"为中华之崛起而读书"的信念。 |
| 四、学习这部电影的流程 |
| 环节一：观影前环节 |
| 活动1：情境导入<br>合唱：伴着音乐学生们合唱歌曲《没有共产党就没有新中国》。 |
| 设计意图：这首歌重点突出了中国共产党对中国发展的重要作用，与课题相契合。带领学生高唱这首耳熟能详的歌曲，引出主题，引导学生了解党史，理解"没有共产党就没有新中国"的内涵。 |
| 活动2：问题引领<br>（1）中国共产党是什么时候成立的？从1911年到中国共产党成立，其间发生了哪些重大的历史事件？<br>（2）当你看到学生高举"还我青岛"横幅时，你是什么样的心情？<br>（3）为什么中国共产党会成立？你怎么理解"没有共产党就没有新中国"？ |
| 设计意图：由浅入深地提出三个问题，将党史教育渗透其中，学生们带着问题去观影，能够更加深刻地体会到电影中所要传达的知识和理念。 |
| 环节二：观影中环节 |
| 活动3：观影释疑<br>观看影片《建党伟业》。 |
| 设计意图：欣赏影片，与影片情节产生情感共鸣。 |
| 环节三：观影后环节 |
| 活动4：观后探讨<br>针对前面提到的问题，我们在观影后进行探讨。<br>（1）中国共产党是什么时候成立的？从1911年到中国共产党成立，其间发生了哪些重大的历史事件？<br>1921年7月，在上海召开了中国共产党的第一次全国代表大会。党的一大宣告了中国共产党的正式成立。从1911年到1921年，中国共产党成立之前发生的历史事件主要有：辛亥革命、中华民国成立、第一次世界大战、护国运动、张勋复辟、俄国十月革命、巴黎和会、五四运动等。 |

（2）当你看到学生高举"还我青岛"横幅时，你是什么样的心情？

本段剧情出自五四运动，巴黎和会上中国外交的失败，引发了伟大的五四运动。即在1919年5月4日，以北京青年学生为主，广大群众、市民、工商人士等阶层共同参与的，通过示威游行、请愿、罢工等多种形式进行的爱国运动。

情绪：气愤、无奈、憋屈……当我们国家主权和领土完整被侵犯的时候，我们每个中国人都绝不答应，正如电影中人物高喊的一样，"国家兴亡，匹夫有责"，国家和领土主权完整需要所有国人一起捍卫。

（3）为什么中国共产党会成立？你怎么理解"没有共产党就没有新中国"？

1840年鸦片战争是中国近代史的开端，到1949年中华人民共和国成立，是中国的屈辱史，也是中国人民的抗争史。电影选择了变革最大的十年间的探索历程，可以清晰地看到，在国家危亡、民族危亡之时，不同阶级都在求索挽救国家和民族于危亡的各种道路，但依然没有改变中国饱受欺凌、四分五裂、民不聊生的现状。在这种背景下，新的道路、新的尝试带来了新的政党——中国共产党。当然，历史和人民也选择了中国共产党。

毛泽东曾指出："自从有了中国共产党，中国革命的面目就焕然一新了。"

就像歌词中说的："共产党，辛劳为民族，共产党他一心救中国，他指给了人民解放的道路，他领导中国走向光明……"建党百年间，中国在共产党的带领下，实现了民族独立，人民生活水平不断提高，综合国力显著增强，并屹立于世界强国之林。作为新时代的好少年，要"不忘初心，牢记使命"，在新时代书写"没有共产党就没有新中国"的新篇章！

（小知识：中国抗日战争持续了14年，即从1931年9月18日"九一八"事变开始，至1945年8月15日日本无条件投降结束，歌曲中的8年抗战是从1937年7月7日"七七"事变开始计算的，时间并不准确。）

设计意图：通过三个逐级深入的问题，引导学生树立主人翁意识，培养学生责任意识，增强学生关心国家、维护祖国统一和国家安全的观念。同时与课前导入内容相呼应，让学生在电影课程中，唱党歌、观党影、学党史。

| 活动5：课后延伸 |
| --- |
| （1）家庭观影：可以选择一部关于党史的电影或电视剧与父母一同观看。包括：《1921》《觉醒年代》《理想照耀中国》《功勋》《光荣与梦想》《埃博拉前线》《百炼成钢》《精神的力量》《大浪淘沙》《红船》《大决战》。<br>（2）家庭游学：可以跟父母一起参观浙江南湖的红船、中国抗日纪念馆、毛主席故居等红色路线，在旅行中浸润党史学习。<br>（3）读物延伸：可以阅读关于少先队队史的书籍，如《永远飘扬的红领巾：我们都从少先队中走来》。 |
| 设计意图：把电影课程、旅行和阅读结合起来，孩子和父母一起学习和感受党史，在家庭教育中，增加讨论的话题；"党带团，团带队"，让学生认识到自己现在是少先队，上中学后，可以入团，18周岁后就有机会入党，从小提高学生的政治站位，树立远大目标，长大后为国家做贡献。 |

## （七）七年级案例：《我们诞生在中国》教学设计

| 一、教学基本信息 | | | |
|---|---|---|---|
| 电影名称 | 《我们诞生在中国》 | 片长 | 79分钟 |
| 德育模块 | 自然之歌 | | |
| 课程主题 | 自然之美、亲情、生命 | 年级 | 七年级 |
| 授课时长 | 120分钟 | 授课教师 | 张亚楠 |
| 二、选择这部电影的理由 | | | |

1. 教学内容分析

《我们诞生在中国》是一部动物电影。该类型影视作品中的画面，大多来自我们平日里不曾或极少见到的原始森林、湿地、湖泊、高原，画面视野辽阔、色彩绚丽，从视觉上给人十足的恬淡和宁静感。自然之美、动物之萌对于都市人群而言，很容易成为缓解压力、抚慰心灵的情感寄托，有着回归自然的治愈作用。动物题材影视作品往往情感真挚、细节动人、叙事平实感人，能让被现代文明层层包裹的我们体会到纯真与质朴。

更重要的是，《我们诞生在中国》发掘了生活在中国这片神奇的土地上的动物们的情感世界，把真实的素材呈现为有意义的、动人的故事。影片聚焦于野生动物家庭中亲情的联结，雪豹达娃对孩子舍弃生命的保护，大熊猫丫丫对美美无微不至的关爱，金丝猴淘淘领悟到了家的含义并重新融入家庭……动物们具有与人类一样的情感、逻辑，动物间的亲情让观众感动。

此外，跟随影片，我们能够深刻地体会到"万物有灵且美"。每一个鲜活的生命都是一首生命的赞歌。"生命"是一个个触手可及的实体，观众仿若身临其境般观察实体的生存状态。而且，影片具有哲学意味，通过对动物们生命轨迹的记录，呈现出大自然最古老、最本质的生命轮回，生命轮回里的生与死、爱与被爱、理解与成长都非常动人。

2. 学情分析

我们学校七年级的学生基本都是城市里的孩子。他们生活在被科技层层包裹的、快节奏、便利的都市中，少有亲近自然的机会。另一方面，七年级的学生有了一定的自我、自主意识，但在建立自我认同时，往往伴随着心理和行为上的叛逆，对父母老师的一些行为不理解、不接受。希望能够通过观看电影，让学生在旁观他人生活的基础上，审视自己。

| 首先，《我们诞生在中国》里有壮阔的中国自然风光、有生命的奇妙和温暖的亲情，可以引领学生健康成长。 |
|---|
| 其次，七年级的学生具备自主观看电影、思考和解答问题的能力，可以不打断他们的观影过程，并设计问题引导学生自主思考，在观影后进行自由的问题讨论。 |
| 三、学习这部电影的目的 |
| （1）感受祖国河山之美。 |
| （2）感受诞生在中国这片土地上的珍稀动物的生动和可爱，懂得珍稀动物需要被保护。 |
| （3）梳理影片故事，体会动物的亲情。 |
| （4）无论是人还是动物，生命都是珍贵的，但在大自然中又是渺小的。思考自然与人的关系。 |
| 四、学习这部电影的流程 |
| 环节一：观影前环节 |
| 活动1：课前导入——动物知识知多少 |
| 第一步：提问。能否介绍一种你熟悉的珍稀动物？请同学举手回答。 |
| 第二步：出示PPT。PPT上呈现珍稀动物和动物的家乡。 |
| 第三步：游戏——动物家乡连连看。请每个班选择一位同学进行连连看。 |
| 答案参考： |
| 麋鹿——中国特有的湿地鹿类。为国家一级保护动物，国际自然保护联盟IUCN红皮书极危级物种。 |
| 黑颈鹤——世界上唯一一种高原鹤类，藏族人民心目中神圣的大鸟，是俄国探险家普热尔瓦尔斯基于1876年在中国青海湖发现的。被列为国际自然保护联盟IUCN红皮书的易危级物种。 |
| 扬子鳄——是中国唯一的鳄种。国际自然保护联盟IUCN红皮书极危级物种。 |
| 电影中的五种珍稀动物：熊猫、金丝猴、雪豹、丹顶鹤、藏羚羊。 |
| 如有同学们说出其他珍稀动物，予以肯定和鼓励。 |

续表

| |
|---|
| 活动2：问题引领——情节、情感、人与自然 |
| 第一步：视频——播放陆川谈人与自然关系的视频，引导学生了解本次影片是一部以动物为主角的电影，真实记录它们的生活、情感，讲述自然与生命的关系，是一部非常有意义的电影。 |
| 第二步：出示展示问题的PPT，让学生带着问题看电影。 |
| （1）影片主线讲述的三种动物是什么？讲了它们的什么故事？除了三种动物外，还提到了什么动物？ |
| （2）动物之间的亲情也是真实存在的，你最喜欢哪个动物的亲情故事？为什么？ |
| （3）你觉得自然和人类的关系是什么样的？人应该怎样对待大自然？ |
| 设计意图： |
| （1）本环节设置了趣味性较强的连连看游戏来导入电影，学生通过参与课堂活动，与珍稀动物的距离缩短，同时也可以扩大知识面、开阔视野。 |
| （2）问题引领可以让学生带着思考观影，激发学生观看电影的兴趣，有观影方向，在观看影片的时候，愿意去更多地了解和认识影片中的动物，体会其中的亲情主题、自然与生命关系的主题，为观影产生共鸣做好铺垫。 |
| 环节二：观影中环节 |
| 活动3：观影释疑 |
| 观看影片《我们诞生在中国》。不打断观影过程，中间不讲解。 |
| 设计意图： |
| （1）观看影片，理解电影故事，梳理情节。 |
| （2）增强学生观影的连贯性和带入感，更好地与影片中的动物产生情感共鸣，领悟影片主题。 |
| 环节三：观影后环节 |
| 活动4：问题探讨 |
| （1）影片主线讲述的三种动物是什么？讲了它们的什么故事？除了三种动物外，还提到了什么动物？ |
| 第一步：邀请一位学生回答。 |
| 第二步：表示欢迎其他学生补充，引导学生说出贴近参考答案的内容。 |

答案参考：

《我们诞生在中国》分别以中国青藏高原的雪豹、四川盆地的熊猫、神农架的金丝猴三个不同野生动物家庭为线索，三线并进来构架影片，再配以丹顶鹤、藏羚羊的辅线，每一个动物故事在特定的地理空间内展开。

（2）动物之间的亲情也是真实存在的，你最喜欢哪个动物的亲情故事？为什么？

邀请几位学生分别回答，引导学生说出不同动物的亲情故事，并分别对母爱的伟大、家庭与责任、亲情的珍贵进行强调。

答案参考：

雪豹达娃威猛悲壮，她可以舍弃生命、付出一切保护自己的领地和孩子，她身上具有坚强的意志及伟大的母爱。

金丝猴淘淘因妹妹出生，经历了"出走—背叛—拯救—回归"的戏剧化成长经历，从感觉被冷落叛逆离家，到懂得承担责任重新回归家庭，淘淘真正理解了"家"的含义，也收获了真正的成长。

熊猫憨态可掬，熊猫丫丫和美美的故事围绕着母女亲情展开，丫丫对美美有无微不至的关爱，当美美长大，丫丫虽然不舍，却为了女儿的独立而离开，温馨又伤感。

鼓励学生说出自己观影的真情实感，最后总结无论悲情离场还是幸福大团圆，每一个亲情故事都有它的感人之处，也有我们要细细体会、认真学习的地方。

（3）你觉得自然和人类的关系是什么样的？人应该怎样对待大自然？

邀请几位学生分别回答。

答案参考：

方向一：

《我们诞生在中国》中的动物们像是自然的代表，通过影片，我们看到了鲜活的生命，看到了和我们人类一样动人的情感故事。所以对待自然要像对待朋友、亲人一样，不能伤害、破坏它，要保护、尊重它，和自然和谐相处。

方向二：

《我们诞生在中国》讲述的是动物故事，但影片中的动物和人一样，雪豹、熊猫、金丝猴、藏羚羊等都在为生存而战，都有着动人的情感故事。它们在自然中努力生存、拼搏、爱，仿佛人类在自然中努力生存、拼搏、爱，动物和人都是生命体，经历着相似的新生、成长、离别、幸福、苦难、死亡。是自然给予人、动物最根本的生命，但就如同动物在中国这方广袤的土地上微不足道一样，人类也是。因此，我们要对自然充满感激、充满敬畏。

鼓励学生说出自己的感受和观点，引导学生正确地认识自然与人的关系，树立生命意识、环保意识，修炼爱与尊重的品格。

活动5：课后延伸——魂穿影片动物

一觉醒来，你变成了《我们诞生在中国》中的雪豹达娃，你会跟雪豹孩子说些什么？

变成熊猫美美，你会跟妈妈丫丫说什么？

变成金丝猴淘淘，你会跟金丝猴妹妹说什么？

任选其一给它写一封信吧！

设计意图：

（1）让学生们在完成拓展的过程中，重温影片中的祖国的自然风光之美、生命的动人、亲情的可贵。

（2）在信件构思中或从妈妈的视角，或从女儿的视角，或从哥哥的视角，思考亲情，感受家庭成员的重要，同时提高自己的写作能力。

## （八）八年级案例：《飞驰人生》教学设计

| 一、教学基本信息 | | | | |
|---|---|---|---|---|
| 电影名称 | 《飞驰人生》 | | 片长 | 98 分钟 |
| 德育模块 | 情感体悟 | | | |
| 课程主题 | 亲情、友情、励志 | 年级 | | 八年级 |
| 授课时长 | 120 分钟 | 授课教师 | | 王虹 |
| 二、选择这部电影的理由 | | | | |

1. 教学内容分析

《飞驰人生》是一部励志类电影。该部电影讲述了赛车手张驰因非法飙车被禁赛五年，并被吊销驾驶证，但是他从未停止过对赛车的热爱，为了找回曾经的尊严和荣誉，他决定重返车坛，以执着信念重新取得成功的坎坷故事。除此之外，这部影片普及了赛车方面的一些冷门知识点，可以让同学们进一步了解国内外的赛车赛事以及赛车比赛的全部流程。在情感方面，影片的感情线围绕着父子间和朋友间的情感矛盾，展现了家庭亲子关系中，父母与子女的相互成长，展现了曾经的队友间的不离不弃与和对手间的惺惺相惜。总之，通过《飞驰人生》这部影片，孩子们在感悟亲情、友情的同时，能够深刻地感受到实现梦想不仅需要热爱，更要通过执着的努力来实现。

2. 学情分析

当代初中生大多为独生子女，很容易导致自我意识过强，八年级学生正处于青春期，其自我、自主意识日益增强，他们憧憬未来，富于理想，但往往因为阅历较少或缺少成功的体验，在实现梦想的道路上，会彷徨、会迷惑，需要来自朋友、亲人、老师的鼓励和指导。《飞驰人生》中主人公一路克服重重困难最后完成梦想的故事，可以让学生正视追梦途中的挫折，给予学生追求梦想的勇气。

另一方面，我校作为一所寄宿制学校，学生每周回家一次，在校时间长，亲子间沟通的时间和机会相较于走读生更少。在亲子关系上，很多学生不了解自己的父母，没有意识到父母的爱与付出；有的父母过于关注孩子的课业成绩，对孩子的梦想缺乏理解和尊重。在师生间和生生间的人际交往上，容易过于以自我为中心，缺乏对别人的尊重和理解，缺少集体意识和团队合作精神。通过这部影片可以让学生进行自我反思，启发学生和家长、老师共同探讨这个话题，增进各种人际关系。

其次，八年级的学生已具备自主观看电影、思考和解答问题的能力，可以不打断他们的观影过程，并设计问题引导学生自主思考，在观影后进行自由的问题讨论。

### 三、学习这部电影的目的

（1）了解和赛车相关的知识。

（2）学习主人公克服困难的精神，认识自己、突破自己。

（3）能够正确地认识自我，思考自己的梦想和现实之间的距离以及可以努力的方向。

（4）能够正确处理人际关系。在与亲人、朋友、老师的交往中，能够学会换位思考，给予彼此尊重和理解。

### 四、学习这部电影的流程

环节一：观影前环节

活动1：课前导入——了解世界著名的赛事

提问并展示PPT——同学们是否知道目前国内国外的一些著名赛车赛事？请同学们举手回答。

（请热爱赛车比赛的同学为大家介绍）

世界一级方程式锦标赛（FIA Formula 1 World Championship），简称为F1，F1世界锦标赛是目前在世界上速度最快的赛车比赛，它的高科技、高智慧使得它年收视率高达600亿人次，同时参赛的车手勇气与团队精神也着实吸引了一大批爱车发烧友的追随。

| |
|---|
| 世界拉力锦标赛（World Rally Championship），缩写是 WRC。电影中的赛事就是一场拉力赛事；它的赛段一般为一个国家内或是跨越数个国家的临时封闭的道路，包含丘陵地区和山野地区的盘山公路、沙石路、柏油路、冰雪路以及泥泞路等多个类型的道路。 |
| 活动 2：出示学生需要思考的问题的 PPT，让学生带着问题看电影<br>（1）影片主线讲述的故事是什么？张驰为什么不能够继续在赛车领域参加比赛？<br>（2）看完影片有哪些感受？你可以用一些关键词来形容吗？<br>（3）你觉得每一个赛车手在取得好成绩之前需要经历哪些？需要具备哪些品质？<br>（4）你们知道真实的赛车是怎样的吗？ |
| 设计意图：活动 1 设计了让同学们来介绍世界著名的赛车赛事，让同学们全方位地了解赛车赛事的故事，有代入感地观看电影。活动 2 的问题引领可以让学生带着思考观影，激发学生观看电影的兴趣，更加有目的地观看影片，体会其中的亲情主题、梦想追求主题，主角不屈不挠的精神，为观影产生共鸣做好铺垫。 |
| 环节二：观影中环节 |
| 活动 3：观影释疑<br>观看影片《飞驰人生》。不打断观影过程，中间不讲解。 |
| 设计意图：<br>（1）观看影片，理解电影故事，梳理情节。<br>（2）增强学生观影的连贯性和代入感，更好地与影片中的人物产生情感共鸣，领悟影片主题。 |
| 环节三：观影后环节 |
| 活动 4：问题探讨<br>（1）影片主线讲述的故事是什么？张驰为什么不能够继续在赛车领域参加比赛？<br>第一步：邀请一位学生回答。<br>第二步：其他学生补充，引导学生说出贴近参考答案的内容。 |

引导思路：张驰从小就梦想成为一名拉力赛车手，他在 32 岁时拿下中国赛车最高荣誉。正处于巅峰期的他，收留了一个被人遗弃的婴儿，为了解决孩子户口和上学问题，参与非法飙车被禁赛，张驰被迫离开了赛场。但在他的心中，始终没有放弃赛车梦想，他想要重回赛场完成梦想，也想要在儿子面前证明自己曾经拥有的辉煌。

（2）你对赛车的印象是什么？可以用一些关键词来形容吗？

邀请几位学生分别回答，引导学生说出赛车的特点。

引导思路：酷炫、速度、灵活、刺激、烧钱、外形帅气、危险。鼓励学生说出看完电影后对《飞驰人生》第一印象的关键词，探讨赛车本身的特点。

（3）你觉得每一个赛车手在取得好成绩之前需要经历哪些？需要具备哪些品质？

引导思路：

① 我们通过观看《飞驰人生》能够了解到，成为赛车手需要几个步骤：

第一，考取中华人民共和国机动车驾驶证。

第二，拥有驾驶证两年后，参加由中国汽车联合会组织的赛车培训。

第三，参加考试并获得赛车驾照。

第四，购买、租赁一台赛车及相关后勤保障团队。这个环节需要大量资金的投入，这也就是为什么赛车运动离普通人很遥远。

第五，参加一场职业赛车比赛。

② 成为赛车手需要具备哪些品质：

第一，需要对赛车有极大的热爱，因为热爱才会有追逐梦想的勇气。

第二，需要有耐心和恒心。想要成为一名优秀的赛车手，其道路不仅艰难，也是需要一个漫长的过程。

第三，需要有团队意识和合作精神。赛车需要团队的支持和保障。

第四，需要有稳定的心理素质和过硬的专业技术。在竞技比赛中，微小的失误不仅可能输掉比赛，还有可能危机生命。

（4）你们知道真实的赛车是怎样的吗？我们来看一段视频（教师边播放视频边解说）。

| |
| --- |
| 播放赛车训练视频、1994年F1圣马力诺站赛事的视频、2001年扎纳尔迪在印地赛车比赛中遭遇严重事故的视频。<br><br>2001年，扎纳尔迪的赛车整体被毁，虽然脱离生命危险，但从此失去了双腿，落下终身残疾。还有车手罗伯特·库比卡，2007年加拿大站，他的赛车撞向场边导致腿部骨折，他顽强地坚持了下来，并在两站以后再次参赛，并在2008年获得了自己的第一个大奖赛冠军。<br><br>总结：追梦的道路不都是平坦的大道，无数追梦人会挥洒下泪水和汗水。作为赛车手，无论他们是否获得奖杯，他们都是追逐梦想的英雄。当然，有时梦想的成功不单单是凭借个人的努力，还需要团队的合作与亲人或朋友的支持。<br><br>活动5：课后延伸——请完成下面三个小任务<br><br>（1）如果你的梦想是赛车，请选择一辆你喜欢的赛车，把它绘制在纸上吧。如果你有其他的梦想，请把自己的梦想通过简笔画的形式呈现出来（可以用铅笔或者带颜色的笔）。<br><br>（2）回家询问爸爸妈妈，他们在自己这个年龄时的梦想是什么呢？是否得到了实现？<br><br>（3）请你和爸爸妈妈分享一下自己的梦想，请他们帮忙提提建议，要怎么做才能实现呢？ |
| 设计意图：<br><br>（1）让学生们在完成拓展的过程中，重温影片中赛车的力量和赛车曲线的美，可以通过绘画的形式来展现。<br><br>（2）和父母互动的环节既可以促进亲子关系，还可以让父母觉得自己是被关注到的。让孩子知道父母的梦想，并且了解他们在梦想实现的过程中遇到的困难，这样更能够鼓励孩子们好好学习，好好生活，感恩父母，感恩生活。 |

## （九）九年级案例：《我不是药神》教学设计

| 一、教学基本信息 | | | |
|---|---|---|---|
| 电影名称 | 《我不是药神》 | 片长 | 117 分钟 |
| 德育模块 | 生命认知 | | |
| 课程主题 | 社会责任、价值观<br>珍爱生命、友善、诚信 | 年级 | 九年级 |
| 授课时长 | 150 分钟 | 授课教师 | 曲琦 |
| 二、选择这部电影的理由 | | | |

1. 教学内容分析

本片根据真实案件改编，讲述了保健品商贩为了赚钱，从印度偷运专治白血病的仿制药，并在这个过程中完成了自我救赎的故事。影片反映出来一些社会问题，有矛盾冲突，也有掷地有声的解决措施。影片上映后带来了积极的社会影响，对学生了解社会和坚定国家信仰有积极作用。

首先，本片引发了公众对我国医药体系和医药制度的关注与深度思考，极富现实意义。同时，影片也展现了我国在推进医药体制改革中的显著成就。

其次，影片告诉我们，人无信不立，信用是无形的力量，谁能赢得更多的信任，就能拥有成功的资本。通过本片，能够教育学生诚信的重要性。

再次，一个"钱"字，贯穿了整部电影。本片可以用来警示学生要树立正确的金钱价值观念，对于金钱，要取之有道，用正当的手段、合法的渠道来获取金钱；要用之有益，用之有度，把钱用到有利于国家社会、有利于他人、有利于实现人生价值的地方。

最后，社会秩序是人民安居乐业的保障，道德和法律是维护社会秩序的基本社会规范。任何违法、犯罪行为都要承担法律责任。想做到不违法，就要了解什么是违法行为。将本片作为一个案例，探讨了道德与法的关系，可以以此为基础进一步引导学生要做知法、守法的社会公民。

2. 学情分析

初三这个年龄段的学生，自尊心很强，并在不断认识着自我价值。对于社会现象有一定的感知，但并不能够全面而客观地看待，需要学校、家庭和社会的正确引导。

| |
|---|
| 初三学生个性意识、独立意识、成人意识不断发展，同时与情绪不稳定产生了直接的矛盾。在这部影片中也充满了矛盾和冲突，能够引导学生理解个人与社会的关联，从而正确处理个人与社会的关系。在认知水平有了一定提高的情况下，学生需要进一步去了解社会、剖析人性、揭示社会问题。<br><br>本片故事情节起伏跌宕，能够激发学生的兴趣，并且通过本片所彰显的"小人物也有了不起的一面"，对于学生自我肯定、实现自我价值有一定的积极引导作用。 |
| **三、学习这部电影的目的** |
| （1）能够引导学生树立正确的金钱观，对于金钱取之有道，用之有度，用之有益；<br>（2）能够引导学生关注社会中存在的问题和乱象，了解人性的善与恶，正确处理人与人、人与社会的关系；<br>（3）能够了解《中华人民共和国药品管理法》、我国现行的医保制度、惠民政策等相关法律和政策规定，做到知法、守法；<br>（4）能够学会辩证地思考和看待问题，提高认识自我的能力；<br>（5）能够珍爱自己的生命，同时努力做一个有社会责任感的公民。 |
| **四、学习这部电影的流程** |
| 环节一：观影前环节 |
| 活动 1：课前导入——主题曲导入<br>暖场选择播放《我不是药神》电影的主题曲《只要平凡》MV。 |
| 设计意图：《只要平凡》是首旋律非常优美的歌曲，伤感中带着力量，MV画面也是对影片非常凝练的升华，能够把学生带入影片氛围中。 |
| 环节二：观影中环节 |
| 活动 2：观影释疑<br>观看影片《我不是药神》。不打断观影过程，中间不讲解。 |
| 设计意图：<br>（1）观看影片，认识人物、梳理情节。<br>（2）增强学生观影的连贯性和代入感，更好地与人物产生情感共鸣，领悟影片主题。 |

续表

| |
|---|
| 环节三：观影后环节 |
| 活动3：问题探讨 |
| （1）主人公程勇在影片中不同时期的造型分别有什么寓意？ |
| 第一阶段：不修边幅的造型。代表主人公生活的不如意，婚姻不幸、父亲生病、孩子不喜欢他这个爸爸，都让他颓废。 |
| 第二阶段：夸张的造型。因为走私抗癌药让他大赚特赚，衣着打扮也比较浮夸，表达了主人公此时人生得意。 |
| 第三阶段：稳重的造型。这个时候的主人公已经放弃了走私抗癌药，转行做了正规合法的生意，造型也能表达出主人公做事合法，循规蹈矩。 |
| 第四阶段：坚定而自然的造型。重回挽救生命的道路，这个时候的主人公内心无比坚定，即便将会承担相应的法律责任，他也要救病人于水火中。 |
| （2）哪些原因使影片中的主人公铤而走险去走私药品？ |
| 铤而走险为赚钱：影片开头就渲染了主人公生活的处处不如意，被房东催房租、因为没有稳定收入无法取得孩子的抚养权、父亲病重急需钱做手术……总而言之，所有事情都需要钱解决，进而促使主人公铤而走险去走私药品。 |
| 铤而走险为救人：本片主人公程勇海外购药的初衷是赚钱，但后期却是为了拯救他人，虽然救人善举赢得了人们的尊重，但因为触犯了法律，同时也需要承担法律责任。 |
| 设计意图：社会复杂多变，存在网贷、网络诈骗等新型诈骗套路，如果学生了解不多，可能会付出很惨重的代价。所以本部电影对于学生尽早建立起正向的消费观、法律观和金钱观，都有积极引导作用。 |
| 活动4：案件还原 |
| 带领学生还原和分析真实陆勇案件，并讨论。 |
| 陆勇，原为江苏无锡一家针织品出口企业的老板，2002年，陆勇被检查出患有慢粒白血病，医生推荐他服用瑞士诺华公司生产的名为"格列卫"的抗癌药。服用这种药品，可以稳定病情、正常生活，但需不间断服用。这种药品的售价是23500元一盒。吃了两年抗癌药格列卫，花费56.4万元（按照2.35万/月，1月1盒计算花费）。 |

续表

2004 年 6 月，陆勇偶然了解到印度生产的仿制"格列卫"抗癌药，药效几乎相同，但一盒仅售 4000 元。印度和瑞士两种"格列卫"对比检测结果显示，药性相似度 99.9%。陆勇开始服用仿制"格列卫"，并于当年 8 月在病友群里分享了这一消息。随后，很多病友让其帮忙购买此药，人数达数千人，团购价降到了每盒 200 元左右。他成了中国代购印度仿制药的第一人，被民间称为"药侠"。

因为大金额购入仿制药，2013 年 8 月下旬，湖南省沅江市公安局在查办一个网络银行卡贩卖团伙时，将曾购买信用卡的陆勇抓获。沅江市公安局以陆勇涉嫌妨害信用卡管理罪、销售假药罪，于 2014 年 4 月 15 日向检察院移送审查起诉。2014 年 7 月，陆勇因涉嫌妨害信用卡管理罪和销售假药罪被检察机关起诉。近千名白血病患者联名写信，请求对其免予刑事处罚。2015 年 1 月 27 日，沅江市检察院向法院请求撤回起诉，检察院认为，陆勇的购买和帮助他人购买未经批准进口的抗癌药品的行为，违反了《中华人民共和国药品管理法》的相关规定，但陆勇的行为不是销售行为，不符合《中华人民共和国刑法》第一百四十一条的规定，不构成销售假药罪。陆勇通过淘宝网从郭××处购买 3 张以他人身份信息开设的借记卡，并使用其中户名为夏××的借记卡的行为，违反了金融管理法规，但其目的和用途完全是白血病患者支付自服药品而购买抗癌药品款项，且仅使用 1 张，情节显著轻微，危害不大，根据《中华人民共和国刑法》第十三条的规定，不认为是犯罪。根据《中华人民共和国刑事诉讼法》第十五条第（一）项和第一百七十三条第一款的规定，决定对陆勇不起诉。法院当天就对"撤回起诉"做出准许裁定。检察机关对陆勇做出不起诉决定，是坚持以事实为根据，以法律为准绳的结果，反映了检察机关敢于监督、有错必纠的法律责任和担当精神，同时也彰显了我国刑事司法的人文关怀。2015 年 1 月 29 日下午，陆勇获释。

资料来源:《关于对陆勇妨害信用卡管理和销售假药案决定不起诉的释法说理书》，湖南省人民检察院官网，https://www.hn.jcy.gov.cn/xwfb/qwfb/gg/201502/1464909172041580547.html

续表

本片就是根据这个事件改编的。但是《我不是药神》并没有完全照搬照抄真实陆勇案件，在故事上改动也特别大。影片一经播出引发了全社会的关注，时任国务院总理李克强也高度关注了进口抗癌药的问题，并且叮嘱国内医药企业加大自主研发抗癌药的力度，同时把多款进口抗癌药纳入医保体系，以减轻患者及家属的经济压力。2019 年 8 月 26 日，第十三届全国人大常委会第十二次会议表决通过《中华人民共和国药品管理法》修订案，体现了党和国家深入群众，倾听群众诉求，坚持"以人为本"的方针，竭尽全力解决群众的急难愁盼问题，不断增强人民群众的获得感、幸福感和安全感。

设计意图：案件本身，一边是知识产权对药品生产和销售的保护，一边是迫于经济压力购买廉价仿制药品的白血病患者，陆勇案体现出的正是司法与伦理的困境，引发了法律与生命伦理如何兼得的讨论。因为电影要追求故事性和人物关系的冲突，所以在艺术效果上做了处理，并没有照搬真实案件。需要老师对影片中涉及的民生问题、法律法规以及医药方面的法律规定等进行说明和释疑，让学生了解我国现行的医疗体系与各项法律规定，形成正确的法律意识和观念，能够辩证地看待社会问题，引发深度思考。

活动 5：课后延展

（1）大家有没有注意到，近几年来许多价格偏贵的药物纷纷降价，这实际上与医保谈判是分不开的，那么医保谈判是怎么一回事呢？

医保谈判是指国家医保局的专家与药企进行谈判，以协商药物价格，从而使药物价格降低，降低患者的经济压力。国家医保局自从 2018 年成立以来，进行了多次谈判。

（2）在谈判中，药企要的是经济利益，而国家的目的则是降低患者的经济压力，那么这两者如何协调呢？

在谈判过程中，"以价换量"是医保价格谈判的总方针，即通过带量采购来推动药价大幅下降。所谓带量采购就是在集中采购谈判时承诺采购数量，这方便药企安排生产以降低生产流通成本，从而降低药价，既降低了药品价格又分担了药企的市场风险，可以实现"共赢"。

续表

| |
|---|
| （3）观看政府医药谈判的相关视频，多了解社会时政，多了解国家在医疗保障方面所取得的成就。 |
| 设计意图：因为本片根据真实案件改编，所以上映后引起了巨大的社会反响，也积极促进了党和国家不断完善社会保障制度。让学生了解国家针对高价药品的谈判和纳入医保的政策，更能坚定学生热爱祖国，期盼国家强大，保障人民生活的愿望。 |

## （十）十年级案例：《辛德勒的名单》教学设计

| 一、教学基本信息 | | | |
|---|---|---|---|
| 电影名称 | 《辛德勒的名单》 | 片长 | 195分钟 |
| 德育模块 | 社会责任 | | |
| 课程主题 | 爱国、社会责任、尊严 | 年级 | 十年级 |
| 授课时长 | 230分钟 | 授课教师 | 盛蕾 |
| 二、选择这部电影的理由 | | | |

1.教学内容分析

《辛德勒的名单》主要讲述了1939年，在纳粹德国统治下的波兰，德国商人奥斯卡·辛德勒在克拉科夫开设一间生产军需用品的搪瓷厂，并利用其工厂和全部的资产拯救了1000多名即将被德军疯狂屠杀的犹太人的故事。电影根据小说改编，再现了德国纳粹对犹太人迫害的沉重历史。

首先，从情感价值观角度，这部影片对人性中的善与恶、战争与和平、生命的脆弱与坚韧进行了诠释，通过不同人物的设定和表现，真实地反映出战争时期生命的可贵、善良的伟大，以及个人担当意识建立和社会责任感的觉醒。通过这部影片，学生能直观地感受到战争的残酷性，珍惜当下的和平时代。

其次，从电影艺术手法上来说，作为一部获得了最佳摄影、最佳原创配乐、最佳剪辑等多个世界级奖项的影片，它展现出多种艺术手法，包括人物形象的塑造、情和景的巧妙结合、多种镜头语言的应用、电影音乐的加持、色彩明暗变化的搭配等方面，共同塑造才能成就一部经典影片。以本片为案例，能够拓宽学生观看电影的思路和角度，引导学生对电影作品叙事结构、镜头语言等方面进行更为技术性的分析，让学生能够进一步把握本部电影的主旨。

通过对《辛德勒的名单》开展情感价值观和电影技术等角度的分析，让学生对于战争、和平、社会、希望有更深层次的理解。

| 2.学情分析 |
| --- |
| 十年级学生的平均年龄在 14—15 岁，这个年纪的学生正处于身心的成长期，通过合理的方式教育孩子用爱去拥抱这个世界是非常重要的。在这部电影中，人性的光芒和伟大在那个混乱的年代尤为珍贵，戏剧性的冲突场景和充沛的情感对学生极具感召力，能够让学生产生思考，做出行动。<br>"以铜为鉴，可以正衣冠；以人为鉴，可以明得失；以史为鉴，可以知兴替"，作为二战题材的电影，将二战时期的历史，利用视听艺术演绎出来，让学生能够直观地感受到当时恶劣的生存环境。让生活在和平国度的学生们有话可谈、有感所触。<br>本片作为一部经典影片，获得了多种类别的奖项，如最佳摄影、最佳编剧、最佳音效、最佳配乐等，可以了解一些基础简单的艺术手法，提升学生的艺术鉴赏能力。 |
| 三、学习这部电影的目的 |
| （1）让学生回顾第二次世界大战的历史，引导学生正视历史，培养学生全面、客观地分析历史事件的能力，激发学生的历史责任感。<br>（2）让学生能够直观感受到战争的残酷，和平年代的来之不易，理解"和平不是本就存在的，珍惜和平的存在"的真正含义，培养学生的社会责任意识，树立正确的人生观和价值观。<br>（3）让学生能够初步了解本片使用的艺术手法，通过对影片细节处理方式的分析，拓宽学生的观影思路，进一步把握本电影的主旨。 |
| 四、学习这部电影的流程 |
| 环节一：观影前环节 |
| 活动 1：情境导入<br>播放视频。<br>播放西亚女子逃亡到中国，过上正常人的生活后的一段采访。视频中的女子谈及自己家乡的现状和来到中国之后的生活对比，让学生体会我们习以为常的和平在别人眼中的不易和渴望。<br>活动 2：问题引领<br>（1）整部电影导演运用黑白色调的拍摄手法，剧中只有这个女孩是彩色的，你觉得导演的用意是什么呢？还使用了什么手段烘托效果呢？<br>（2）你认为电影中，感触最深的情节是哪个，为什么？ |

| |
|---|
| 设计意图：<br>（1）让学生对身处和平年代和和平国度心怀感恩。<br>（2）通过介绍让学生对于本次播放的影片有一个简单的了解。<br>（3）通过提出问题，让学生带着思考观影，为观影产生共鸣做好铺垫。 |
| 环节二：观影中环节 |
| 活动3：观影释疑<br>观看影片《辛德勒的名单》，给学生提供完整观影过程。 |
| 设计意图：<br>（1）观看影片，梳理情节，解答疑惑。<br>（2）通过完整的观影，让学生深入欣赏影片。 |
| 环节三：观影后环节 |
| 活动4：问题探讨<br>（1）整部电影导演运用黑白色调的拍摄手法，剧中只有这个女孩是彩色的，你觉得导演的用意是什么呢？还使用了什么手段烘托效果呢？<br>首先，作为一部绝大部分采用黑白胶片拍摄的影片，需要对光影有更高的要求才能达到好的效果，本片所呈现的效果体现了导演对光线设计的高超掌控力。其次，作为最为经典的色彩设计案例，影片唯一的一抹色彩是一个犹太小女孩的红大衣。这个细节一共出现两次。第一次是在德军对犹太区进行屠杀时，小女孩惊慌地穿过街区；第二次是小女孩的尸体出现在运尸车上。红色代表着热烈和希望，而孩子本身也是希望的象征，这种视觉上的突出，不仅会给观众带来视觉感官上的直接冲击，同时体现出了主人公辛德勒在看到尸体后那被撼动的心、也间接地助推了后续情节的开展。同时电影配乐也渲染了气氛，抒发了情感，推动了电影的发展。如 *Oyf'n Pripetshok/Nacht Aktion* 这首音乐，采用童声演唱的方式，在影片中伴随着红衣小女孩的出现响起，形成了一种强烈的视觉和听觉的冲击。<br>（2）你认为电影中，感触最深的情节是哪个，为什么？<br>根据时间，请2~3位学生回答，也可教师提供电影情节启发学生思考。<br>（3）你知道有"中国的辛德勒"之称的人物是谁吗？通过影片，"中国版"和"波兰版"辛德勒的对比，你对战争、救赎、善良，有什么新的感悟？ |

续表

在中国导演作品《南京，南京》和中法德合拍的《拉贝日记》这两部电影中，有一名被誉为"中国的辛德勒"的人物，他叫约翰·拉贝，是一名德国人，曾也是纳粹党员。他在南京大屠杀中建立的安全区保护了 25 万名中国人的性命。在二战结束后，鉴于他在南京时的功绩，得到国民政府每月金钱和粮食接济。2020 年新冠疫情暴发，中国驻德大使馆接到德国海德堡大学医学院一名医生的求助，希望中国可以救助他的家人和患者。这名医生是托马斯·拉贝，是约翰·拉贝的孙子。中国政府得知消息后，以免费的形式保证、最快的速度寄出了药品。这是感恩，也是救赎。

战争永远都是残酷的，它会激发人性的恶，但也会让人性中的善发出璀璨的光芒。战争的残酷逐渐唤醒了"辛德勒们"的良知，让他们走上了拯救更多生命的救赎之路。"救一人命，就是救全世界。"

同时，也要意识到有国才有家，只有依靠强大的国家，才能带来一个稳定发展的社会环境，才能有诗和远方。

设计意图：

（1）通过对电影细节的深入探讨，学生能够理解导演意图，学习一些基础的电影艺术手法，提升学生的审美能力。

（2）通过人物对比，让学生能够对战争和救赎有新的感悟，也能够意识到处于和平时代、平稳安全的社会环境的珍贵。

活动 5：课后延伸

（1）结合一年一度的九一八讲座，与学生一起分享讲述反法西斯战争的故事。

（2）在这部经典电影中，扣人心弦的音乐同样功不可没。长达 3 个多小时的电影中，共有 14 段、总长为 60 多分钟的配乐，希望学生能感受到更多音乐的魅力。

设计意图：将课程与学校九一八活动相结合，让学生的情感得到进一步升华。同时提供本部电影的经典曲目，以提升学生的音乐鉴赏能力。

## （十一）十一年级案例：《百鸟朝凤》教学设计

| 一、教学基本信息 | | | |
|---|---|---|---|
| 电影名称 | 《百鸟朝凤》 | 片长 | 108 分钟 |
| 德育模块 | 文化传承 | | |
| 课程主题 | 文化传承、人文情怀 | 年级 | 十一年级 |
| 授课时长 | 140 分钟 | 授课教师 | 胡晋华 |
| 二、选择这部电影的理由 | | | |

1. 教学内容分析

唢呐是中国具有代表性的传统乐器，作为一种传之久远的民间艺术，通常是在大喜大悲时演奏。不同的地域文化，使用场合也不同。电影《百鸟朝凤》围绕唢呐技艺兴衰荣辱的历程，主要讲述了老一代德高望重的唢呐老艺人焦三爷和新一代唢呐艺人，即他的徒弟间发生的故事。故事中除了有两代人为了信念的坚守所产生的师徒间、父子间、兄弟间的感情纠葛，也将唢呐作为展示中国传统文化的发展缩影。在社会文明的进程中，冲突与挣扎，有悲剧性意味，也让人深思。唢呐不仅是一种乐器，也是一种精神文化的象征，中华民族的文化精髓应该得到继承和发扬，将其作为非物质文化遗产进行保护，也是对工匠精神的传承。

2. 学情分析

授课对象是高中二年级的学生，一方面学生已经适应高中的学习生活，另一方面作为准备出国留学的学生，已逐步进入各种标化考试的备考时期，心理状态不稳定，容易出现情绪上的较大波动。当遇到挫折，特别是因考试失利受到打击时，就会自我怀疑，产生挫败感和焦虑感。电影课的出现恰好可以让学生短暂地从忙碌的学习中脱离出来，放松之余也可以感悟电影中的人文情怀，并透过电影，观他人的生活，思考自己的人生。

中华上下五千年，在历史的长河中，我国拥有众多且璀璨的文化文明。随着现代化进程的加快，一些民族传统文化正在变革与消亡，传统技艺也面临着缺乏传承而逐渐消失的困境。近年来中国政府加大了对非物质文化遗产的保护与宣传力度，传承困境得到了一定改善。电影《百鸟朝凤》就是对民族传统文化传承的一种宣传，通过电影让学生们了解更多的传统文化，激发学生的文化认同感，提高学生的道德素养和人文情怀。

续表

| 三、学习这部电影的目的 |
| --- |
| （1）让学生了解唢呐，并通过唢呐文化了解更多具有民族特色的地方传统民俗文化。<br>（2）让学生了解当代中国传统文化的现状，激发学生宣传和保护非遗文化的意识和责任。<br>（3）让学生了解传统文化艺人身上体现出的"工匠精神"，学习主人公对技艺与德行的坚守。 |
| 四、学习这部电影的流程 |
| 环节一：观影前环节 |
| 活动1：情境导入<br>（1）提问：你知道中国有哪些传统文化或者传统技艺？你知道的国家级非物质文化遗产有哪些？<br>国务院先后于2006年、2008年、2011年、2014年和2021年公布了五批国家级项目名录，共计1557个国家级非物质文化遗产代表性项目，按照申报地区或单位进行逐一统计，共计3610个子项。国家级名录将非物质文化遗产分为十大门类，其中五个门类的名称在2008年有所调整，并沿用至今。十大门类分别为：民间文学，传统音乐，传统舞蹈，传统戏剧，曲艺，传统体育、游艺与杂技，传统美术，传统技艺，传统医药，民俗。每个代表性项目都有一个专属的项目编号。编号中的罗马数字代表所属门类，如传统音乐类国家级项目"侗族大歌"的项目编号为"Ⅱ-28"。<br>（2）民间乐器唢呐的介绍。<br>① 播放非物质文化遗产的介绍视频。<br>视频中介绍了包括唢呐在内的其他非物质文化遗产。2006年5月20日，唢呐艺术经国务院批准列入第一批国家级非物质文化遗产名录。<br>② 唢呐及其代表曲目。<br>唢呐，中国传统双簧木管乐器。公元3世纪，唢呐随丝绸之路的开辟，从东欧、西亚一带传入我国，为世界双簧管乐器家族中的一员，是我国具有代表性的民族管乐器。 |

| |
|---|
| 唢呐代表作品:《百鸟朝凤》《抬花轿》《凤阳歌绞八板》等。其中《百鸟朝凤》是中国民族乐器十大名曲之一,乐曲充分发挥了唢呐擅长模仿的特长,以热情欢快的旋律与百鸟和鸣之声,表现了生机盎然的大自然景象。电影《百鸟朝凤》便是以此曲的演奏与传承开启。<br>③播放电影《流浪地球2》的配乐《太空电梯》的唢呐吹奏版本。<br>在同学们的刻板印象当中,唢呐或许是属于过去的,是陈旧的,但如今唢呐与各种曲风有了巧妙的融合,在国际舞台上有着历久不衰的影响力。 |
| 设计意图:<br>(1)在导入部分让学生对唢呐及其文化有所了解,一方面让学生了解更多的民俗文化知识,同时也为接下来观看电影,理解其中的情节做好铺垫。<br>(2)引导学生了解非物质文化遗产,呼吁同学们肩负起保护非遗文化的责任。<br>(3)通过播放热度很高的电影《流浪地球2》的配乐激发学生的观影兴趣,也促使学生快速了解唢呐这一传统乐器的音色特点。 |
| 活动2:问题引领<br>(1)焦三爷在两个徒弟中最终选择哪位作为焦家班的传承人?为什么?<br>(2)你怎么看待像焦三爷这样的唢呐匠,以及和其对应的匠人精神? |
| 设计意图:通过提出问题,让学生带着思考观影,为观影产生共鸣做好铺垫。 |
| 环节二:观影中环节 |
| 活动3:观影释疑<br>观看影片《百鸟朝凤》。让学生完整地观看影片,教师中间不打断。 |
| 设计意图:让学生对影片有整体的感知,并对观影前的问题进行思考,与影片情节产生情感共鸣。 |
| 环节三:观影后环节 |
| 活动4:观后探讨<br>对观影前提出的问题结合影片进行思考交流。老师回顾之前提出的问题,现场找1—2名学生进行分享,在学生分享后,一方面对学生的回答进行总结;另一方面对提出的问题谈谈自己的想法,最后做出正确的价值观引导。 |

（1）焦三爷在两个徒弟中最终选择哪位作为焦家班的传承人？为什么？

从影片中可以看出，焦三爷最终选择的是游天鸣。焦三爷认为"唢呐是个匠活"，作为传承人，不单单是需要演奏得好，还要能担起责任，能够将唢呐曲艺和精神传承下去。所以相对于具有吹唢呐天赋、头脑灵活的蓝玉，他选择了更为踏实、善良、有仁义、懂得坚持的游天鸣作为其传承人。

（2）你怎么看待像焦三爷这样的唢呐匠，以及和其对应的匠人精神？

影片里将吹唢呐的人称为唢呐匠。匠，本义是木工，引申指有专门技术的工人。匠人们注重细节，精益求精，对于焦三师徒二人，他们演奏技艺娴熟，可称之为匠人。其匠人精神在电影中也得到了充分体现。首先，要尊师重道，会感恩。其次，要正直、有责任、能坚守。坚守体现在对唢呐尊严的维护与传承。一是在收徒上"高标准"，"唢呐离口不离手"，"只有把唢呐吹到骨头缝的人，他才能拼命把这活传下去"。二是在曲目演奏上"严要求"，只有真正德高望重的人才配享在葬礼上吹奏《百鸟朝凤》。三是对艺术传承的坚持，"咱们吹唢呐的好歹是一门匠活，既然是一门匠活，就要有人担起责任，把这活传承下去。""我跟师傅发过誓的"……当唢呐匠的地位逐渐降低，需求逐渐减少，曲艺班濒临解散，依然有人坚守并传承着唢呐曲艺和精神。

（3）电影中两代唢呐吹奏者对这门民间艺术的坚守令人动容，也点出了唢呐曲艺在当代的生存窘境，同时也包含了遗憾的情绪，将解决办法抛给了观众和社会。如何对待和保存本民族的优秀传统文化，尤其是根植于民众的民间文化，你有什么建议或看法？

唢呐作为一种民间艺术，绝不止于娱乐，更具意味的是，它在办丧事的时候是对远行故去者的一种人生评价。该片从表层看是写吹唢呐，但从深层看，表现的是对中华民族、对优秀传统文化应持有的正确态度。如何对待本民族的优秀传统文化，其中包括根植于民众的民间文化，这是当前面临的一个严峻课题。

续表

当前，很多非遗面临着失传的现象，究其原因主要有：一是传承人少，仅靠师徒传承或家族传承；二是传授方式单一，采用口口相传的形式；三是表现形式落后，缺乏创意和新意，不能吸引大众的兴趣；四是关注度缺乏，没有形成足够有效的保护措施；五是社会认知偏差，认为传统即落后，或缺少商业价值，缺乏对传统匠人的职业尊重。

我国也采取了多种措施和手段进行宣传和保护。一是借用互联网平台宣传非遗，如各类直播平台在线展示或教学；二是借助电影形式，拍摄非遗题材电影、纪录片等，讲好非遗故事，展现非遗文化；三是加强对传统技艺的人才保护与培养，提升待遇，吸引更多年轻力量；四是政府持续加强保护力度和扶持政策。

观影后，同学们在老师的引领下对观影前提出的问题进行讨论和总结，在回顾经典片段的同时，引导同学们形成正确的价值观；同时，对中国传统文化现状进行深入思考。鼓励同学们在高中阶段做学科相关的项目研究时可以把关注点放在非遗上，无论是非遗的传承与保护还是去探究传统文化本身，这样的研究探索能够一定程度上增加人们对非遗的关注度，也能够从多元的角度深入了解非遗文化传承。

参考文献：[1] 李轶天，龚晓雪."互联网+"背景下推进电影与非遗保护发展的新路径——从非遗电影《百鸟朝凤》谈起 [J].采写编.2021（05）.[2] 吴佳丽.非遗视野下电影《百鸟朝凤》中"传承人"的研究 [J].湖北工业职业技术学院学报.2018，31（06）.[3] 庄艳梅.从工匠精神到文化自信——对电影《百鸟朝凤》的新思考 [J].中北大学学报（社会科学版）.2019，35（03）.

活动 5：课后延伸

（1）经典台词赏析。

"只有把唢呐吹到骨头缝儿的人，才能拼了命把这活儿保住，传下去！"

"唢呐不是吹给别人听，是吹给自己听的！"

"大家都明白这是规矩，给钱是规矩，收钱是规矩，连推辞都是规矩的一部分。"

"咱们吹唢呐的好歹也是一门匠活，既然是匠活，就得有人担起责任把这活发扬光大！"

续表

（2）我为"非遗"做宣传。

国务院先后于 2006 年、2008 年、2011 年、2014 年和 2021 年公布了五批国家级项目名录。截止到 2022 年，我国共有 43 个项目列入联合国教科文组织非物质文化遗产名录（名册）中，居世界第一。请选择其中一个中国非物质文化遗产，以班级为单位，收集相关素材，并制作成一个宣传小片，时长不超过 3 分钟，内容需原创。

**人类非物质文化遗产代表作名录**

| | | | | |
|---|---|---|---|---|
| 昆曲 | 古琴艺术 | 新疆维吾尔木卡姆艺术 | 蒙古族长调民歌 | 中国篆刻 |
| 中国雕版印刷技艺 | 中国书法 | 中国剪纸 | 中国传统木结构建筑营造技艺 | 南京云锦织造技艺 |
| 端午节 | 中国朝鲜族农乐舞 | 妈祖信俗 | 蒙古族呼麦歌唱艺术 | 南音 |
| 热贡艺术 | 中国蚕桑丝织技艺 | 龙泉青瓷传统烧制技艺 | 宣纸传统制作技艺 | 西安鼓乐 |
| 粤剧 | 花儿 | 玛纳斯 | 格萨（斯）尔 | 侗族大歌 |
| 藏戏 | 中医针灸 | 京剧 | 中国皮影戏 | 中国珠算 |
| 二十四节气 | 藏医药浴法 | 太极拳 | 送王船 | 中国传统制茶技艺及其相关习俗 |

**急需保护的非物质文化遗产名录**

| | | | |
|---|---|---|---|
| 羌年 | 黎族传统纺染织绣技艺 | 中国木拱桥传统营造技艺 | 麦西热甫 |
| 中国水密隔舱福船制造技艺 | 中国活字印刷术 | 赫哲族伊玛堪 | |

**优秀实践名册**

福建木偶戏后继人才培养计划

资料来源：中国非物质文化遗产网·中国非物质文化遗产数字博物馆，https://www.ihchina.cn/chinadirectory.html

设计意图：通过电影延展板块介绍影片相关的文化知识和赏析经典台词，让同学们拓宽视野，提高对电影课程的兴趣。同时鼓励学生运用电影课程中学到的知识，创作小视频，做好非遗文化宣传者，在讲好中国故事的同时，进一步提升文化担当和文化自信。

## （十二）十二年级案例：《触不可及》教学设计

| 一、教学基本信息 | | | |
|---|---|---|---|
| 电影名称 | 《触不可及》 | 片长 | 112分钟 |
| 德育模块 | 认知生命 | | |
| 课程主题 | 学会与人相处、勇敢面对人生困境 | 年级 | 十二年级 |
| 授课时长 | 150分钟 | 授课教师 | 赵海军 |
| 二、选择这部电影的理由 | | | |

1.教学内容分析

《触不可及》是一部高分作品。观众对这部影片的评价有如下关键词：种族，阶层，友情，爱情，尊重。

首先从人们的传统观念来说，影片故事中的两位主人公因各自的种族、阶层原因，几乎不可能发生交集：影片主人公菲利普是一个富有的贵族，但因跳伞事故高位截瘫；这位富翁的护理员则是位很穷的黑人，他为得到救助金或居留证正在寻找工作。但在这部改编自真实故事的影片中，二者都建立了深厚的友谊，主人公彼此的尊重更赢得了观众的心。

其次，这部影片蕴含了社会和家庭的积极价值，给人们树立了榜样。影片情节并没有淡化菲利普成为残疾人的痛苦的描写，也没有将观众引领入对主人公的怜悯之中。影片并没有过多的情节来讲述菲利普和戴尔一起来面对生活困境，而是以他们的一种健康的、不悖乎人性的善良的主人公视角，给观众以心灵的洗礼。

打动观众的是隐藏在菲利普内心的深深的尊严。他没有因遭受着折磨而向陪护提出过过分的要求。这部影片内容健康，能够让学生懂得理解尊重是人与人相处的最好途径，它胜于种族、身份和地位。

| |
|---|
| 2.学情分析 |
| 对高三学生来说，他们的人生观、世界观和价值观基本形成，但是他们大多数是独生子女，他们与长辈及周围人的隔阂让他们倍感孤单，最为常见的表现就是不合群，很难与人们进行过多的交流，喜欢独来独往。其次是以自我为中心，很难去体会周边人们的情绪和感受。作为即将高中毕业的学生，他们学会如何与人相处，如何与人交朋友显得比任何时候都迫切——这部影片无疑是给孩子们的最好的学习素材。 |
| 十二年级的学生具备了自主观看电影、思考和解答问题的能力，教师可以不打断他们的观影过程，设计问题引导学生自主思考，在观影后进行自由的讨论。 |
| 三、学习这部电影的目的 |
| （1）梳理影片故事，通过主人公的遭遇，学习他们坚强、乐观的品质。 |
| （2）通过两位主人公的交往过程，学会与人相处的方式。 |
| （3）理解尊重的深刻内涵。 |
| 四、学习这部电影的流程 |
| 环节一：观影前环节 |
| 活动1：课前导入——有奖猜题 |
| 发布有奖竞猜题目：黑人护工的儿子在家学习时写的是什么？ |
| 活动2：问题引领——关注影片细节，解答疑惑 |
| 观看影片思考完成如下问题： |
| （1）用一句话概述影片基本内容。 |
| （2）影片两位主人公性格各自有什么特点？ |
| （3）影片中主人公是如何成就彼此的？ |
| （4）如何理解题目"触不可及"？ |
| 设计意图： |
| 通过问题的引领，让学生观看影片时更能抓住细节，为后面分析鉴赏影片打下基础。 |
| 环节二：观影中环节 |
| 活动3：观影释疑 |
| 观看影片《触不可及》。中间不打断，给学生完整的观影过程。 |

续表

| |
|---|
| 设计意图：<br>（1）观看影片，梳理情节，解答疑惑。<br>（2）通过学生完整的观影环节，让学生深入欣赏影片。 |
| 环节三：观影后环节 |
| 活动4：问题探讨<br>（1）用一句话概述影片基本内容。<br>影片讲述了一位终身残疾的白人富豪菲利普和一位一直生活在贫民窟中的黑人护工戴尔，两个人互相感动了彼此，建立起了坚固的友谊并最终成就彼此人生的故事。<br>（2）影片两位主人公性格各自有什么特点？<br>戴尔：表面看不服管教——他抽烟喝酒，甚至还因抢劫坐过牢，但他是一个人性未泯的人。他有真性情也很幽默，聪明有爱心，懂得是非并能痛改前非，菲利普被他的人格吸引了。<br>菲利普：曾经的人生赢家，跳伞导致颈部以下全部瘫痪。他内心是自卑的，他没有勇气去见喜欢的女孩，他看着戴尔极其贫苦的生活，眼神里满满的都是羡慕，另一面他是一个特别有艺术修养的人：会去参观画展，听音乐会，以诗会友……在戴尔的影响下，菲利普后期学会了改变自己，坦然面对生活，最终赢得幸福的爱情。<br>（3）影片中主人公是如何成就彼此的？<br>菲利普：他是一个坚强的人，骨子里有着对生命的热爱，他不会用有色的眼镜去看待别人，他善于发现其他人身上的善良和闪光点，也乐于去帮助别人。菲利普明知道戴尔需要工作，需要帮助，但是他没有直接"施舍"给戴尔金钱，而是帮助戴尔卖掉了画作，戴尔赚得一笔钱改善了家庭生活；当戴尔见自己儿子时，作为老板的菲利普给了戴尔极大的尊重，让戴尔在儿子面前有了面子；当戴尔开着自己的豪车办私事时，他也没有计较。 |

续表

戴尔：他由一个吊儿郎当的人慢慢变成了一个细心的人。他开始并不在乎这份工作，但是在接触中，戴尔逐渐了解了老板菲利普的处境，他对菲利普有着深深的理解和同情。戴尔甚至还有些艺术细胞，他努力走进菲利普的世界——看菲利普的著作，和他一起听音乐会——这些都让菲利普对戴尔有了好感。戴尔也改变了菲利普听音乐的风格，帮助菲利普去见自己的笔友。即使菲利普心灰意冷将戴尔撵走，戴尔还是回到菲利普的身边，因为他理解菲利普的痛苦，他甚至克服自己的恐惧带着菲利普一起参加极限跳伞运动，这些慢慢让菲利普重燃对生活的热情与信心，并最终让菲利普找到了自己的爱情。

对比发现，两位主人公虽然在金钱、地位等方面有着极大的不同，但是他们都很善良，都热爱生活，都勇敢地面对生活中遇到的困难，这些成为二者"触手可及"的桥梁，他们最终也因互相理解和帮助成就了彼此的人生。

（4）如何理解题目"触不可及"？

影片题为"触不可及"，实际上影片所传达的并非如此，影片表达的主旨是尊重和平等换来真正的友情和尊重。人与人交朋友，无关种族、肤色，无关学识和地位，更无关贫穷或是富有，你给我所需要的平等与尊严，我给你想要的认可与帮助，彼此的友谊并非交易，这在当今物欲横流的社会恰恰是一股清流，让人们回归人性本真。

活动5：课后延伸——思考人与人之间和谐相处的秘籍

（1）大家结合不同人的相处情境，设计一个人与人和谐相处的"秘籍"。

（2）"有奖猜题"谜底揭晓环节：孩子在练写汉字。

设计意图：

影片为孩子们打开了一扇与人交往的窗，人与人相处会有误会，会有矛盾，但是只要本着尊重、理解、善良、互惠的原则，人们总能找到相处之道。此题能够为学生走进大学、走进社会提供经验和借鉴。

# 第六章　N 种形式的电影拓展活动

教育部、中共中央宣传部在 2018 年发布的《关于加强中小学影视教育的指导意见》（以下简称《指导意见》）中指出："加强中小学影视教育，必须遵循中小学生年龄特点和认知规律，统筹影视教育资源……推动各地各校因地制宜开展影视教育活动，让中小学生在影视教育中感受世界、开阔视野、体验情感，促进他们身心健康和全面发展。力争用 3—5 年时间，全国中小学影视教育基本普及，形式多样、资源丰富、常态开展的中小学影视教育工作机制基本建立，中小学生影视教育活动时间得到切实落实，适合中小学生观看的优秀影片得到充分保障，学校、青少年校外活动场所和社会观影资源得到有效利用，形成中小学影视教育的浓厚氛围。"

同时，《指导意见》提出："丰富影视教育活动……各地教育行政部门和学校要积极开展校园影视教育活动，通过电影赏析、电影评论、电影表演、电影配音、微电影创作、影视节（周）活动等，营造浓厚校园影视文化氛围，让中小学生在看电影、评电影、拍电影、演电影中收获体会和成长。"

从《指导意见》中可以看出，开设中小学电影课程需要做好两方面的工作。一方面，让学生沉浸在优秀电影中，与电影角色一起进行情感体验，思考影片传递的价值和意义，认识多样的世界，感受不同的生活。电影就像一个桥梁，连接了学生与广阔的世界，对世界进行观察和思考。另一方面，电影课程需要把学生在电影中、课堂上的观察及思考进行延伸、拓展，与实践活动相结合，形成中小学影视教育的浓厚氛围，最大化地发挥电影的育人作用。

北京市二十一世纪学校电影课程课题组注重从电影出发，设置形式多样的拓展活动，在延伸活动中提升学生的感受能力、思考能力、总结能力、写作能力、表达能力，提高团队协作能力、动手实践能力、解决问题的能力，赋予学生应对未来生活的素养与智慧。下面介绍学校近几年开展的部分电影拓展活动。

### （一）变身片中人物写封信

学生看完电影后，教师可以设计"角色变身"的活动，让学生假设自己是片中的主人公，谈谈自己在一定的情境下会有什么想法、做法。这样的活动能进一步深化学生对电影的理解，教师也能通过学生的反馈进一步了解影片带给学生的收获，进而进行有针对性的引导。这类活动可以在电影课堂中进行，学生当堂提交感想；也可以在课后由班主任代收作业；或者在课后由班主任作为班会活动的一部分内容展开讨论。

例如，七年级学生在看完电影《我们诞生在中国》后，拓展活动的内容是："一觉醒来，你变成了《我们诞生在中国》中的雪豹达娃，你会跟雪豹孩子说些什么？变成熊猫美美，你会跟妈妈丫丫说什么？变成金丝猴淘淘，你会跟金丝猴妹妹说什么？任选其一写一封简短的信吧！"学生们当堂写作，提交了情感充沛、饱含思考的信件。

小董同学站在熊猫宝宝美美的立场上向熊猫妈妈深情告白："妈妈，谢谢您在这一段时间内的细心呵护、抚养，用爱来教育我……我已经长大了，我想去外面的世界闯一闯……我会永远铭记那一刻，刚出生的我躺在您的怀里，我也会永远享受那一刻……"从这段文字里，我们可以看到小董同学理解母爱以及他渴望独立的想法。

小魏同学写道："不管怎么说，我就是个刀子嘴豆腐脑（心）的猴吧，嘴上说着多么讨厌你，但不管什么时候，我总是止不住地爱你……因为你是我的妹妹，以后我们也是一起生存的伙伴啊！"她走进了二胎家庭金丝猴淘淘的内心世界，学会了理解、包容。

小何同学化身雪豹妈妈，给自己的孩子写信："孩子，你是我心中最可爱、最美好的存在，你是上天给予我的礼物，是我的天使……这世界是神奇的，春天生机勃勃的嫩芽，夏天灿烂的阳光，秋天烟霞般的枫叶，冬天晶莹剔透的雪花，一切都不容错过，一切都等待着你来探索；同时这个世界也是充满危险的，天敌的攻击，冬日的寒冷，食物的不足，都令我无比担心，我不能无时无刻地保护你，但我在无时无刻地牵挂你。"小何同学在向小雪豹细致叮嘱的同时，也理解了一个母亲对孩子深沉的爱。

### （二）电影观后感评选

看完电影写一篇观后感，是很多老师在提到电影拓展活动时首先会想到的。写观后感这种活动适合所有电影，但是这种活动不宜多用，一定要避免学生因为写观后感而降低观影的积极性。写观后感的活动建议一学年做1—2次就好，要有具体的主题，写后要有一定的反馈活动，这样一是能调动学生写观后感的积极性，二是能进一步加深学生对影片的思考和理解。

电影观后感评选通常可以在三种不同范围内开展。一是班级范围内，即看完一部电影后，由语文老师或班主任设计、实施写观后感及后续反馈活动。二是年级范围内的观后感评选活动，由年级组长安排年级内老师实施，可以对一部电影或一类电影开展活动。三是全校的观后感活动，由学校组织，全校语文老师担任评委，一般针对某一类电影开展观后感评选活动，因为全校学生人数多、年龄差距大，学生们的观影喜好不同，选一部电影不好实施，选一类电影比较合适，如红色电影，亲情类、友情类主题电影等。

北京市二十一世纪学校在 2021 年举行了一次"庆祝建党100 周年——红色电影观后感"评选活动，全校一年级到十二年级的学生参加，其中 1—3 年级学生采用手抄报的形式提交，四年级以上的学生提交文章。文章字数由语文学科主任或语文教研组长根据学生学情确定。活动具体实施时，由各班语文教师在国庆节前布置此活动，学校提供了部分红色电影的目录和资源网址。节后一到两周内，学生提交作品。语文教师初选出每班 2—4 篇，由语文教研组长和备课组长一起评选出一二三等奖，总获奖人数为班级数的 2 倍，其中一等奖 30%，二等奖 30%，三等奖 40%，一等、二等获奖作品收入电影课程学生成果集。未在学校评选中获奖的学生，由年级或班级根据学生文章质量给予一定奖励。另外，本次活动根据学生获奖情况，设立指导老师奖，由课程中心评选出一二等奖，给予一定学术积分奖励。

之所以选择红色电影，是因为红色电影诠释爱国精神与民族精神，弘扬主旋律，弘扬社会主义核心价值观。在红色电影里，我们能看到革命烈士用鲜血生命捍卫祖国的山河，能看到英雄人物不惜一切保护祖国和人民，能看到不同时代的英雄们坚如磐石的理想信念。具有正面引导作用的爱国人物、爱国故事，通过电影荧幕生动真实地展现在学生眼前，能让学生受益良多。红色电影不仅是进行历史教育、革命传统教育的最佳素材，更是进行爱国主义教育，帮助学生树立正确的世界观、人生观和价值观，赓续爱国者的精神血脉，让红色基因和革命薪火代代相传的重要工具。红色电影观后感大赛便是利用红色资源，传承红色基因。

从学生提交的电影观后感中，我们可以看到学生的成长和收获。

陈同学被《八佰》真实的画面震撼："无论是开头满目疮痍的废墟，还是之后枪林弹雨的战斗场面，都让我感受到战争的残酷。我不可能完全了解真实的战争，但《八佰》中的战斗场面，给我带来了巨大的视觉冲击以及心理压迫感。当然这也得益于先进的图像音效等技术，电影的创作者用高超的电影制作技术手段，为我们还原了战争真实而残酷的场面。"同时也深深被电影感动，并展开了进一步的思考："电影《八佰》中表现的战争，距离现在已经70多年了，中国人民在抗战时期，狠狠地打击了日本侵略军，最终取得了世界反法西斯战争的胜利。我们生活在和平的年代里，首先要珍惜这来之不易的和平环境，不能忘却那些为了今天的和平而牺牲的千万烈士们。同时，也要以史为鉴，牢记落后就要挨打的教训，努力学习，用自己所学的知识，建设祖国，让祖国在各个方面更加强大。我们不会让历史重演，既要铭记历史，更要发愤图强，为了国家的长久和平，尽自己的最大努力做一名德智体美劳全面发展的少年！"

杨同学在《战狼2》中看到了团队的力量，并联系自己的经历对这一主题进行了解析："电影名字所说的'战狼'，正是大家团结一心一起战斗的象征。就像我们戏剧社团集体出去比赛，这就像一场没有硝烟的战争。在几个月的磨合训练中，大家慢慢地敞开心扉，彼此信任，成为认定的队友，大家都朝着一个目标共同努力，心中都有着同一个坚定的信念。可以像电影中的冷锋，勇敢无畏地去面对困难，从不轻言放弃；可以像老兵何建国，面对事情，沉着冷静、深思熟虑；可以像医生Richael，关心自己的队友，具有奉献精神，懂得关爱他人；当然也可以像熊孩子卓亦凡，做一个开心果，给大家缓解紧张的情绪。只要大家团结起来，积极面对，黎明的曙光就会升起，光明的道路就在前方！"

### （三）向心中的英雄致敬

电影《八佰》的课后延伸活动是请同学们为自己崇敬的英雄作一首诗、写一段文字或画一幅画。有的学生画了毛主席、周总理等伟人；有的学生为自己的课程教师画了卡通头像；也有学生关注社会时事，为张桂梅、航天航空的英雄们写诗作画

（如图 6-1 所示）。这个活动的目的不仅是向电影中的英雄致敬，更要延伸到学生的日常生活中，向现实生活中的英雄致敬，学习英雄的美好品质。

　　向英雄致敬活动，其实是榜样教育的一种常用方式，可以作为很多电影的拓展活动，如学生在看完《建党伟业》后，可以向党的领袖致敬；看完《闪闪的红星》《小兵张嘎》等电影后，可以向片中的小英雄致敬；看完《袁隆平》《钱学森》等影片后，可以向科学家或其他行业的领军人物致敬。

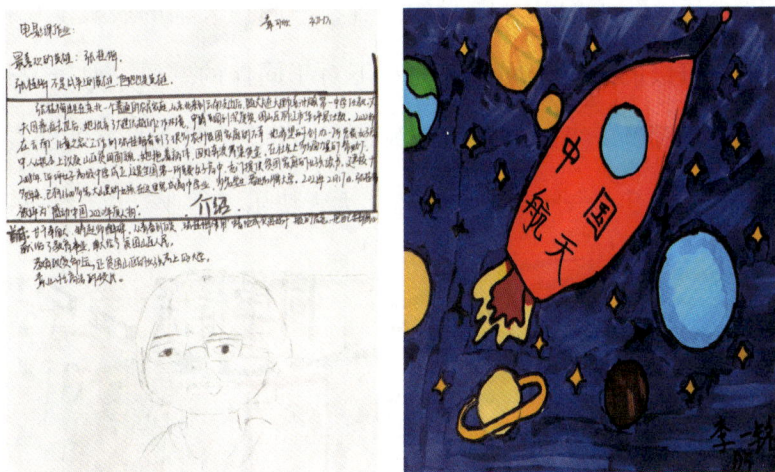

图 6-1　电影课拓展活动"致敬英雄"学生作品

### （四）"同学情深，肖像画廊"活动

　　同学间的友谊是学生校园生活的重要组成部分。在电影课程中，会有很多涉及友谊主题的电影。在这些电影结束后，

就可以开展类似"同学情深，肖像画廊"的活动（如图 6-2 所示）。

电影《四个小伙伴》一课，讲述了四个小伙伴一同犯错、一同成长、一同做好事的故事。虽然很多年过去了，小演员如今都长大了，却依旧维持着亲密的友谊。结合电影主题，该节课的拓展活动为"同学情深，肖像画廊"。该活动旨在构建学生之间良好的伙伴关系，引导学生学会从大局观念思考问题，从身边小事做起，和自己最亲密的学习伙伴一同成长，争做优秀红花少年。孩子们结合电影的内容，一同在大幅的展板上用画笔描绘班级的每一位同学，并写下对于同伴的感受、对于友情的初心、对于班级的期望等。例如"××，你是我最好的朋友，我们一起学习，一同玩耍，希望你天天快乐，学业有成"等。

图 6-2　电影课"同学情深，肖像画廊"拓展活动

### （五）合唱影片主题曲

在电影《闪闪的红星》一课中，老师选择了合唱主题曲《红星歌》作为课堂的拓展活动。"红星闪闪放光彩，红星灿灿暖胸怀，红星是咱工农的心，党的光辉照万代……"在慷慨激昂的歌声中，学生们的脑海中一定浮现出了一幅幅温暖人心的画面：映山红开了，红军爸爸回来了，小小少年终于带着对父亲的思念，追随着父亲的脚步逐步成长为一名真正的红军战士。正如帽子上的红星代表着革命和希望，歌曲中的红星也象征着红军战士们不畏艰险、机智勇敢、纯洁质朴的美好品质。同时，我们也相信，在和潘冬子同龄的孩子们的心里，也种下了一颗包含感动、关爱和责任的种子。

唱主题歌曲，也是一种较常用、适用范围比较广的电影拓展活动。当电影中的主题曲是学生们所熟悉的歌曲，齐唱歌曲能更好地实现课程育人目标时，就可以考虑采用这种活动方式。这种方式因为用时较少且与电影相关度高，一般建议在电影课堂中进行。

### （六）电影座谈会

针对某一部电影或某类主题的几部电影，可以组织规模不同的电影座谈会，引导学生在座谈会中表达观点、抒发感想，在座谈中实现德育目标。这种形式对大多数电影都适用，教师需要根据电影的主题提炼出合适的问题供大家探讨。

1. 电影课堂上的圆桌论坛

六年级电影课《城南旧事》的拓展活动为"经典作品访谈"。观影结束后，教师通过圆桌论坛的形式采访了三位同学。三位同学首先对作者林海音、主人公小英子和"小偷"叔叔的人物性格进行分析，随后谈一谈自己的感受以及印象最深刻的画面。有同学评论"小偷"叔叔："他虽然是个小偷，但他待人真诚，把自己心中最好的一面展现给朋友，与英子掏心窝子，让英子体会到了友谊的温暖，这是多难能可贵的友情啊！而且他知错能改，真心悔过，偷东西也是不得已，只是作为兄长的责任感，心中只有一个想法，供弟弟读书！并不是罪大恶极的人。最终，他被警察带走，那天天气晴朗，就跟他们初次见面时一样。"有的学生谈到，尤其喜欢电影中小英子的那双水灵灵的大眼睛，炯炯有神，在小英子眼中，每个人都是善良的，可以跟大家眼中的"疯子"秀珍做朋友，帮着秀珍去寻找小桂子，让她们母子相认；可以跟"小偷"叔叔谈心，探讨"天空和大海的分界""好人和坏人的区别"……有的学生谈到看到小英子和她爸爸的感情，想起自己和爸爸的往事，从而更加懂得父爱的深沉和无私。学生通过访谈的方式，更好地理解了名著《城南旧事》，加深了对于书中人物的理解，并在那份纯真与善良中，真正体悟到了人性之美。

2. 班级座谈会

例如，在上完九年级电影课《国王的演讲》后，同学们被影片主人公乔治六世的励志故事感染了，同时感动于他的主治医生罗格全心全意的付出和帮助。于是，班主任趁热打铁，安排了一次电影座谈会，请大家分享感受。班级座谈会在学校教育工作中是非常普遍的形式，实施难度小，易于组织，如果主题适当、时机适合，学生能在此类活动中有很大的收获和成长。电影《国王的演讲》班级座谈会中，艺轩同学说："我的数学特别不好，我不喜欢上数学课。很多的时候，我都在逃避，这一科已经严重影响了我的整个学业和别人对我的评价。这部电影让我明白，人应该敢于面对自己的弱点，不能逃避，我不能再消沉下去了，我要强迫自己数学课上听讲，不懂的下课问老师问同学。"小诺同学说："我的导师王老师对我的影响特别大。她总夸奖我，就连最简单的小事，她都会表扬我……我觉得王老师就像电影中的罗格医生，她是那么信任我、鼓励我。我一定要做一个王老师口中的好孩子，不辜负老师、家人、朋友对我的期望。"从学生们的分享中，影视教育对学生成长的作用可见一斑。

3. 年级座谈会

纪录电影《棒！少年》真实记录了强棒天使爱心棒球队队

员的成长。队里的孩子们虽出身贫苦，但他们在教练亦严亦慈的指导下，敢打必胜，不畏艰难，造就了一支在国内成绩数一数二的棒球队。初中的同学们在电影课上观看了《棒！少年》电影之后，举办了"少年，你真棒！"电影主创座谈会。

学校邀请了片中三位主人翁少年（马虎、大宝、小双）和基地的两位"棒少年"（吾尔作曲、约其子石）来到校园，与学生交流电影及电影之外的成长故事，同学们得以近距离与棒球队员们互动。此次座谈会由学校负责活动组织、策划、执行的学生组织——学生自主管理学院负责，自管院的同学在老师的指导下，梳理座谈会流程、确定主持人并布置会场。同时，提前向同学们征集了想和演员们交流的问题，由主持人代表同学提问；并设置自由提问环节，在主持人访谈环节之后进行。

座谈会上，学生们提出"马虎，你这个名字是怎么来的？""棒球给予你们什么样的收获？""大宝，在美国比赛的时候，是怎么教会马虎唱国歌的？有什么有趣的故事吗？""教练凶吗？你们怎样看待教练批评你们时说的话？""你们在基地中做过最后悔的事儿是什么？"等问题。虽然生活环境不同、人生经历迥异，可同龄人之间有问不完的问题，说不完的话。电影让学生们了解了棒球队的少年，座谈会更让学生走近了他们，学生带着善意发问，棒球队队员们满怀真诚地回答，一问一答间，学生们备受振奋与感动。

在"电影座谈会"后开展的"一元公益"活动，是由电影课题组联合 14 个艺术技术社团举办的。社团拿出各自的"独家产品"，有戏剧、舞蹈、音乐的表演，有机器人、过山车、航模的竞赛与体验，有摄影、编导、戏剧、油画、动漫、中国画、书法、平面设计、服装设计的作品和产品，有心理、厨艺的下午茶……同学们展示着自己本学期的所学所得，并将这些在艺术技术课上的作品以"一元起"的价格进行售卖。同学们在本次活动中共筹集善款 18000 多元，并将善款的 80%，合计14415.32 元捐赠给强棒天使项目。

"一元公益"活动，将学生在学校所学的知识、技能变成了实实在在的公益能量。

在活动后的采访中，李同学说："我见到他们以后，发现他们每个人真的都很好，性格也跟电影中不一样了，长大了成熟了，马虎脾气没那么倔了，小双也更外向了。"徐同学说："棒球队的同龄人，向着自己的梦想踏出一步又一步，散发着独特的光芒，我们要向他们学习。"任同学说："有一幅书法作品是我写的，内容是'欢聚一堂'，强棒天使队的队员和教练，还有我们的老师、同学都在一起，我觉得这就很有意义……公益活动最大的意义是支持他们，让他们感受到其实自己被好多人深深爱着。"

大型的座谈会结合活动进行，规模较大，难度也相应较高。

但如果能够成功举办，让学生们真实接触到电影人物，不仅能见证电影人物在影片中的成长，更能感受他们在现实中的成长，同时也理解成长和奋斗的意义，汲取自我成长的力量。

## （七）演绎经典片段

课题组鼓励学生们演电影，积极开展表演类拓展活动。通过演电影，能锻炼学生的语言表达能力、应变能力、形体表现力，让孩子从小建立自信，学会沟通，塑造人格魅力，提升综合素质。

表演类拓展活动最常用、最易行的方式是演绎经典片段，适用于很多电影。在重现经典电影片段的表演中，学生能更加深入地理解人物，更好地理解电影的主题。

1—6年级同学对影视语言的理解相对较浅，演电影的活动一般在课上进行，可以选择电影中有教育意义、戏剧性强的片段进行模仿表演。例如，三年级学生在看完电影《你看起来好像很好吃》后，感受到即使是粗暴可怕的霸王龙，心中依旧埋藏着一颗爱的种子。为了让学生更加深刻地体会霸王龙和小甲龙之间的"父子之情"，在课堂上进行了"我是大明星——经典片段还原"的活动，学生为电影角色进行中文配音，模仿角色在舞台上声情并茂地表演。"又高又大又帅气，我也想变得和爸爸一样！"朗读台词的同时，他们不仅仅体会电影中霸王龙和小甲龙之间跨越血缘和种族的情感，同时也是在向自己的父亲表达深切的爱意，进而理解人与人之间交往的真谛：信任、关爱和鼓励。

初中和高中的学生能够更精准地演绎电影，也能使用摄影机，用一些摄影技巧模仿电影进行拍摄。因此7—12年级举行了"电影一分钟"仿拍活动，鼓励学生们选择电影中的一个一分钟段落进行仿拍。在活动中，学生仿拍了《我和我的祖国》片段、《奇迹·笨小孩》片段等。

学生积极参与该项活动，在活动中取得多重收获。学生能从中更深刻地感受到演员是如何对人物角色进行塑造的，过了一把"演员瘾"；还能够通过模仿拍摄，学习拍电影的技巧，如拍摄景别的运用、拍摄角度的选择；更能让学生意识到，演电影、拍电影是一项非常不容易的工作，一个一分钟的片段可能包含几十个镜头，每一个镜头从表演到拍摄都要精雕细琢、仔细设计。电影的创作需要团队密切合作，导演、表演、拍摄、剪辑，大家要心往一处想、力往一处使，如此才能诞生好作品。

## （八）"世纪小影杯"电影节

"世纪小影杯"电影节是学校每年举行的大规模电影拓展活动。电影节以"用光影承载成长，用创意开启未来，用文化传承经典"为主旨，坚持"传播正能量，陶冶大品德，培养创新精神，提升新媒体能力"。

电影节包括四个部分。第一部分：设立奖项，制作调查问卷，让学生们评选电影课程中最喜欢的电影、电影中最尊敬的人物等；第二部分：举行颁奖典礼，根据票选结果，为各年级的获奖电影颁奖，同时请部分同学上台以演讲的形式介绍自己喜欢的电影、尊敬的影片中的人物等；第三部分：举办短片大赛，按需组织队伍拍摄短片，进行评比，评选出综合等级奖、优秀影片、优秀剧本、优秀摄影等单项奖，鼓励同学们的创作；第四部分：举办短片大赛观影礼，并举行小型电影节论坛，以师生代表为主，商讨电影课程的发展。

其中，短片大赛是电影节中用时最长的活动，为学生的艺术、技术作品提供展示平台。采用"学生自创、自导、自拍"的模式拍摄、制作短片。短片大赛征集的作品包括三大类。

一是"致敬经典"。学生可以剪辑电影课程中的电影，也可以延伸出去，选择对自己有启发有帮助的其他电影，剪辑成小短片，呈现电影的价值和意义。另外，学生在电影课程中创作的电影仿拍视频也可参赛。

二是"原创短片"。该部分可以是记录日常生活、校园生活、身边人和身边事的纪录短片；可以是为原唱歌曲或自己演唱的歌曲拍摄制作的音乐 MV；可以是公益广告、动画短片；还可以是自导、自演、自拍的故事片段。

三是"剧本单元"。该部分要求原创剧本，故事完整，主题鲜明，格式规范（如图 6-3 所示）。

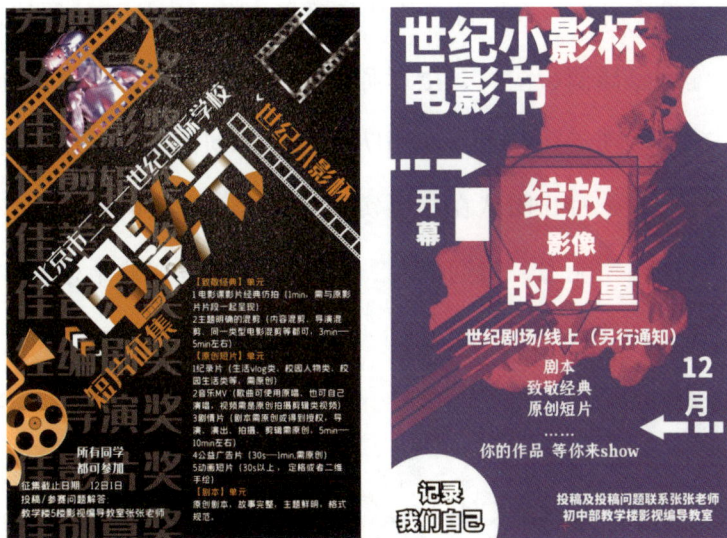

图 6-3　电影课"电影节"拓展活动

学生在老师的指导下踊跃参与，从成立团队、剧本编创，到表演拍摄，再到后期剪辑，电影课程教师提供了非常细致的指导。指导过程分为三个单元：第一单元——短片创意与视听表达：认识并掌握基础的短片创作方法，尤其是短片创意与剧本策划、影视视听语言表达；第二单元——剧本与剧组合作：认识剧组构成及各岗位职责，掌握剧组团队合作方式，学会做制片计划，进行拍摄准备，深化对短片创作的理解；第三单元——"我是小小电影人"短片拍摄实践：基于已学习的短片创意策划、剧本写作、拍摄技巧等进行创作，学习初步剪辑，以剧组为单位形成完整的短片作品。

在这项活动中，学生可以综合运用自己在电影课程中的所感、所思、所学，根据自己的特长爱好，参加对应的技能培训，承担编剧、导演、演员、摄影师、灯光师、录音师、剪辑师等的一项或多项工作职责，和团队一起合作创作。一个作品可能需要创作一个月，团队在拍摄实践中磨合，学生的团队合作能力、解决问题能力、沟通能力、领导能力等也在这个过程中不断提升（如图6-4所示）。

图6-4　电影课拓展活动"电影节"短片拍摄

学生的作品让人惊喜，《看电影的人》《克隆》《终点》*Alone*等多部短片（如图6-5所示）包含男女平等、科技恐慌、人性探寻、亲情感悟、奋斗拼搏等多项主题，极具普适意义，凸显了中小学生对真、善、美的理解与探寻，呼应了电影课程"立德树人"的课程目标。

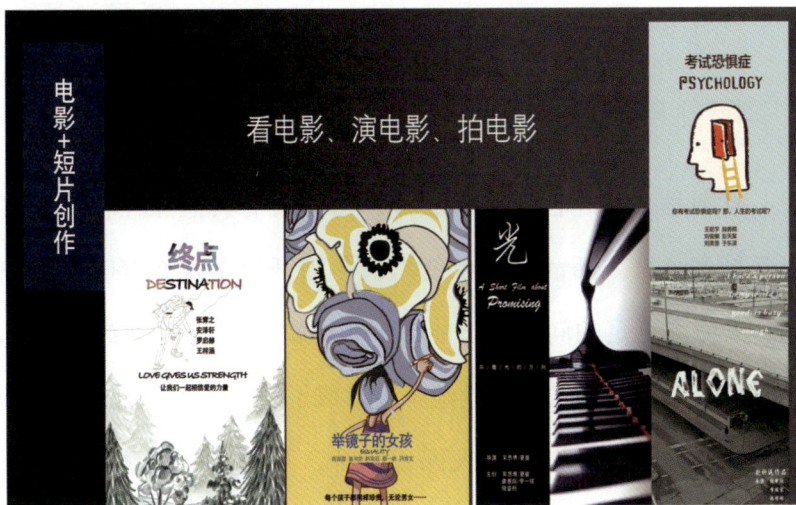

图6-5 电影课拓展活动"电影节"学生短片海报

## （九）开设"影音殿堂"栏目，引导学生观影导向

在北京市二十一世纪学校校园电视台制作的"校园生活"节目中开设子栏目"影音殿堂"。该栏目的内容是为在校师生介绍中外优秀电影，每周精选两部，将电影的相关信息、剧情内容，以及影片中想要传达的优秀内涵、精神、品质，用主持人介绍结合电影预告片的方式传递给观众，在为全校同学的寄宿生活增添色彩的同时，引导同学们如何在生活中更好地选择影片。

近几年，校园电视台着力对优秀国产影片进行介绍，包括《战狼2》《红海行动》《一秒钟》《天下无拐》等，引导同学们更多地关注优秀国产影片，倡导大家通过电影更好地了解我们国家的文化。

### （十）与其他课程结合的多样活动

电影是一种综合的艺术载体，与学校的其他课程相结合可以开展多种育人活动。不仅能解决单独开展影视教育时间、空间、人力不充足的问题，更能进一步丰富学校的综合实践活动。在研究中，北京市二十一世纪学校形成了以下几种结合方式。

第一，电影与世纪名人课程结合，开展榜样教育活动。组织学生观看周恩来、宋庆龄、钱学森、孔子、雷锋五位名人的系列电影，并通过"看一看、演一演、评一评、学一学"等实践活动，让中华名人成为学生心中的榜样。

第二，电影与音乐结合，举办"2022电影之夜新年音乐会"。音乐会分为"国外电影音乐""动漫电影钢琴串烧""国产电影音乐"三大版块，《哈利·波特》《霸王别姬》《高山流水》《八佰》《你好，李焕英》等13部中外经典影片的音乐走上舞台。学生们根据自己表演的节目，动手剪辑电影，制作MV，在音乐会上为大家奉上了一场可观可赏的视听盛宴。

第三，电影与美术结合。教师招募小画家（如图6-6所示），组织学生画电影人物，画电影故事，续编连环画等。

图6-6　电影课拓展活动"小画家招募"

　　第四，电影与心理课结合，拍摄心理微电影。选修心理课的同学们对自己关注的话题进行加工，编写剧本，自行校园取景，进行拍摄剪辑，创作多个心理微电影，如《孤独的真相》《幸福就是做最真实的自己》《狗粮风波》《学霸＆学爸的一天》

等。师生一起制作宣传海报，开展年级点赞评选活动，最后组织颁奖典礼，展示部分优秀电影。获奖的优秀微电影会在课间或课外活动时间在学部大厅播放，以进一步发挥微电影的心理教育作用。

另外，与学校开设的影视编导选修课、戏剧课等结合，融合选修课所学，拍电影、演电影也是实施十二年一贯制电影课程的重要补充方式。

## （十一）与年级活动结合

### 1. 与期末游戏闯关之旅相结合

在北京市二十一世纪学校，1—2年级期末没有考试，而是采用游戏闯关的形式。在游戏闯关中，电影课程教师会和年级教师一起利用电影中的动画人物等来创设闯关情境。以2021—2022学年第二学期一年级的期末闯关活动为例，当时，北京环球影城主题乐园热度正高，老师们便以"环球影城之旅"为主题设计期末闯关活动。

小黄人乐园、哈利·波特魔法世界、功夫熊猫盖世之地、好莱坞、变形金刚基地等场景在校园中得到了复刻，而影视中孩子们热爱的角色摇身一变，来到了校园中和他们一同开启了一场奇妙的闯关之旅！老师们把校园环境装点得令学生们感觉仿佛真的来到了环球影城。孩子们拿着通关卡，去到相应的主题乐园开启属于自己的闯关之旅，以此来检查自己一学期的学习成果（如图 6-7 所示）。

例如：在小黄人乐园中，有"鲍勃勇闯拼音迷宫"，孩子们通过寻找正确的拼音来帮助迷路的鲍勃逃出迷宫；在小黄人超市中，通过正确计算商品的价格来获取自己喜欢的物品；在哈利·波特魔法世界中，有"双面魔法多音字"，孩子们运用双面魔法来叫出所有多音字怪的名字；在功夫熊猫乐园中，有"阿宝茶话会"，孩子们通过看图说话的任务来一场头脑风暴；在变形金刚基地，则有"超能力变身"，学生随机抽取卡片，根据卡片中的内容来完成相应的体能动作；甚至在好莱坞秀场，通过模仿秀、多变的声音、快速转换等游戏，来锻炼学生的口语表达能力和即兴表演能力。诸如此类的小闯关数不胜数，让他们不仅玩得很高兴，收获也很大。孩子们直呼："好玩得很！"

在校园的这一场环球影城之旅中，给学生营造了具备真实感的任务情境，给予他们沉浸式的体验，让电影课程延伸到学生的日常学习生活中，与任务结合。语言与交际、数学与科技、艺术与审美、体育与健康版块的知识和能力，在游戏中得到充分的体现，通过丰富多彩的电影主题活动，落实学科的核心素养。

图6-7 电影课拓展活动之"环球影城闯关之旅"

2.与年级主题研学活动相结合

在年级的主题研学活动中，看相关主题的电影也是经常组织的活动。

例如，在三年级的主题研学"我的情绪朋友"活动中，学生们就观看了电影《头脑特工队》。这部电影讲述了一个关于情绪的故事。孩子们在观看完电影后，理解了情绪存在的意义，在教师的引导下，在班级以及学科的教学中重新面对自己的情绪，合理抒发、引导自己的情绪。此外，每个班级精心制作了

"情绪树洞""温暖收集器"，同学们的小烦恼、小难题都可以向树洞一吐为快；感受到的点滴温暖、快乐，对自己的期许都可以用小纸条的形式投入"温暖收集器"。年级每周会根据各班"温暖收集器"的"温度"，向各班颁发金光闪闪的"温暖班牌"。在语文课上，同学们分享表达情绪的词语，分享自己的情绪，背诵关于情绪的诗歌；数学课上，大家小组合作汇报自己的成长变化、身体与情绪的关联；英语课上，大家分角色扮演每一种情绪。通过这组教学活动，孩子们能观察到自己的情绪变化，知道情绪会因外物影响而改变。

N种形式的电影拓展活动，让电影课程不仅仅是播放一部电影、一堂课，更能与能力联动、与心灵对话、与社会接轨，在这个过程中提升了学生的多方面能力，有效促进学生全面发展。

# 第七章　电影课程评价

根据新课标的指导思想，在评价时要突出评价的发展性功能和激励性功能，立足于促进学生的学习和充分发展，为"适合学生的教育"创造有力的支撑环境。北京市二十一世纪学校也一直认为：评价的最终目的是促进发展。在电影课程中，亦是如此。在此理念下，电影课程组研究、制定了如下的电影课程评价策略。

## 一、对学生的评价策略

电影课程因其特殊的性质，不应像对待语数英学科那样开展精细评价或者在期末安排笔试等，建议采用过程性评价和终结性评价相结合的方式，以过程性评价为主，以更好地激励学生作为评价目的。

　　以北京市二十一世纪学校电影课程为例，该校的电影课是年级大课，200多名学生一起上课，班主任老师会随班听课，记录考勤。所以学生成绩的评定一般由随班老师协助授课老师共同完成。出勤情况一般占70%。对于课上积极发言、参加活动的学生，老师做好课堂记录，现场奖励积分卡或小礼物，在期末算总成绩时会加分，权重占10%。电影课程的相关活动成果，如某一主题的手抄报等，评定等级，权重占20%。虽然在此给出了评价的参考比例，但学校具体实施时并不是一定要按照权重给学生用百分制计分。建议结合学校和学生的实际情况，来考虑如何具体操作。如可以把分数换算成等级单独告知学生，也可以通过发奖状等方式来表扬优秀学生。总之，我们的目的就是：通过评价促进学生在电影课程中有更大收获。

　　不同年级的老师可以根据本年级学生的特点，制定相应的课堂激励策略。如一年级电影老师制定了如下三条激励策略：第一，在集体观影、课堂反馈这两个环节中，如有学生表现很好，可以获得一张本课专属小贴纸；第二，一学期4课时，集齐3张小贴纸的小朋友可获得一张拼图；第三，每班选出5份优秀作品，在每次电影课后的第二周周三送出小礼物。

　　老师对学生的评价激励方式可以跟学校已有的评价奖励制度结合。在北京市二十一世纪学校，小学有积分卡奖励制度，初高中有愿望券奖励制度。在电影课程中表现优秀的学生可以获得积分卡或愿望券，按照学校的制度兑换物质或精神奖励。

## 二、对教师的评价策略

对电影授课教师的评价，一是要尽量遵循学校对一般课程教师的评价方式，二是要考虑电影课程的特殊性。

对于学校常规评价方式，老师们比较熟悉，更容易接受。例如，在北京市二十一世纪学校，每学期都会用两种方式组织学生对教师进行评价。一是学期末，学校人事部会组织学生对自己的授课教师进行打分，评价的结果会在一定程度上影响教师下学期的月收入。二是每学期中后期，学校课程中心都会请专业诊断机构对学校教育教学进行诊断，届时学生会对自己的教师进行评价，诊断的结果不会带来"高利害"的影响，只是为了帮助老师更好地提升自己。这两种评价活动，电影课程教师都要参加。其中，诊断参考指标如表7-1所示，学校也可以根据自己的具体情况来修订具体指标。

表 7-1　诊断参考指标

| 全人教育 | 课堂让我更加开朗与自信，学会参与和分享 |
| --- | --- |
| | 老师在做人做事和生活中能给我很好的引领和示范 |
| 课堂效果 | 课堂活跃而有序，能激发我的兴趣，让我感受到学习的乐趣 |
| | 课堂让我懂得了更多道理，我更加热爱我的祖国和中国共产党 |
| | 课堂让我更好地理解了亲情、友情等，使我更爱自己的家人和朋友，能更好地理解他人 |
| | 课堂让我拓展视野，学到了更多知识 |
| | 课堂让我能更好地鉴赏电影，增强了我对"美"的感受 |
| 受学生喜爱程度 | 这位老师是我本学期最喜欢的老师之一 |
| 主观题 | 这位老师让我想点赞的地方有： |

电影课程是一门新开设的课程，其课程实施质量不能像传统学科那样通过笔试成绩等来体现，这些都是电影课程的特殊性。因此，北京市二十一世纪学校会在期末组织学生填写对电影课程的调查问卷，其中包括请学生对教师进行打分，这也是评价教师的一项依据。电影课程学段负责人也会给本学段教师打分。

总的来说，上述提到了三次打分，两次是学生对教师打分，一次是负责人对教师打分，具体所占比重，可以根据校情来定。北京市二十一世纪学校实施时，将两次学生打分的比重各定为30%，故学生打分总比重占60%，负责人打分比重占40%。

在教师激励方面，电影课程教师会有比常规课更高标准的课时费，一是因为是年级大课，学生人数比较多；二是因为电影课程教师选电影、备课用的时间会比常规课更多。另外，教师参与课题研究，所撰写的文章发表或获奖，在全校或市区级以上的各类学术活动中做主题发言，都可以按照学校的学术积分奖励制度，获得相应的学术积分，最终兑换相应的物质奖励或精神奖励。

## 三、对课程的评价策略

对课程的评价以优化课程为主要目的，具体策略如下：

第一，在每学期末都会组织学生开展问卷调查，让学生对电影、教师、实施方式、实际收获等诸多方面进行评价，还会访谈部分教师和学生。课题组根据问卷结果进行改进，如淘汰学生评价不好的电影，考察推荐电影，定期更新电影课程资源库，定期更新电影课程读本。在评价课程实施效果时，请家长填写调查问卷或对家长进行访谈，能够更好地了解电影课程对学生的作用。

第二，在学期中不定期进行随机抽查，直接去听推门课，或随机发放小范围的学生问卷，与部分学生进行访谈。

第三，发挥学段负责人的管理和监督作用，要求学段组长对每次组内电影课前期准备工作进行提醒和核查，将问题提前解决。根据学段内教师表现，学段负责人有连带奖励，同时也要承担连带责任。

# 第八章　电影课程实施效果

电影课程实施后，其育人效果如何？本章以北京市二十一世纪学校为例，从四个方面分析电影课程的实施效果。第一，用数据说话，从调查问卷统计结果，了解学生如何评价电影课程，以及他们在电影课程中有哪些收获。第二，开展质性分析，从和学生、教师、家长的访谈中，从学生在拓展活动中的表现、生成的电影观后感及各类作品中来分析学生在哪些方面的能力有所提高。第三，分析电影课程带给教师哪些成长。第四，分析电影课程带给学校哪些收获。

## 一、学生喜欢电影课程，认为能在其中有收获

在北京市二十一世纪学校每年进行的诊断中，有一个问题是："你最喜欢的学校十大活动？"电影课通常都能名列榜首。

把电影课放在活动中，而没有放到课程中，并不是因为电影课不重要，而是因为电影课若是和传统课程放在一起比较，它必然会是学生最喜欢的课程，这样的调研没有意义。放在活动中，和学校的科技节、研学旅行、世纪演说家等活动放在一起比较，才更能真实地体现学生对电影课程的喜爱程度。

自 2019 年秋季开始，课题组每学期都会对电影课程进行一次问卷调查，同时由每个年级的授课教师对学生进行访谈。调查结果显示，该课程受到学生的高度认可。学生认为电影课让自己有了更多的认识，学到了做人的道理，影响了自己对社会和情感的认知。

以 2021 年春季学期的期末调查为例，共收到有效问卷 643份，68% 的学生给电影课程打满分，年级平均分为 9.3 分，如图 8-1 所示。

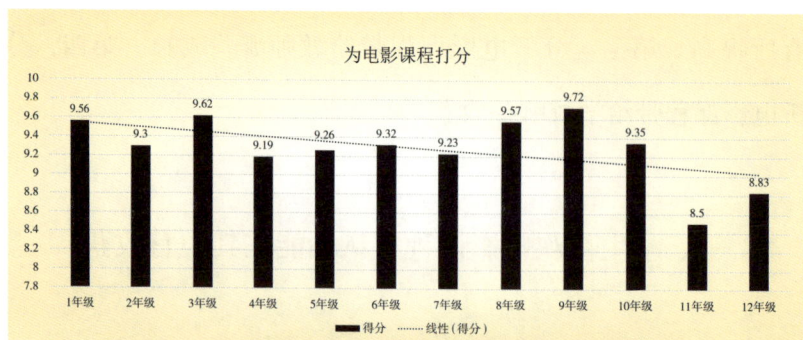

图 8-1　12 个年级学生对电影课程整体打分（满分 10 分）

通过以上数据可以看出，学生对电影课程非常认可。

在第一、第二学段中，约87%的学生都认为在电影课程中收获了很多，对世界有了更多的认识，对认识自己也有帮助，收获最大的是做人的道理，如图8-2、图8-3所示。

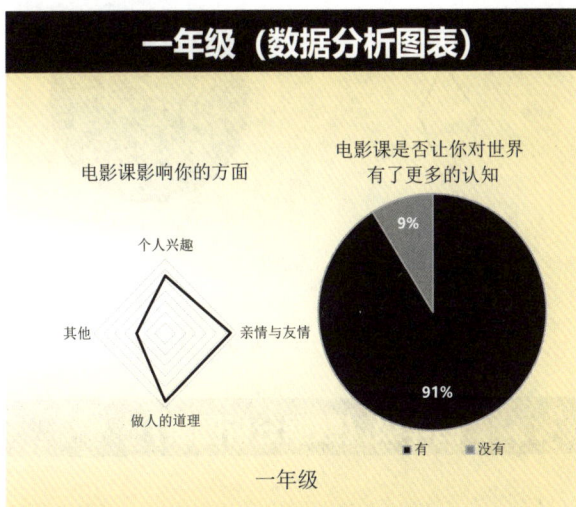

一年级（数据分析图表）

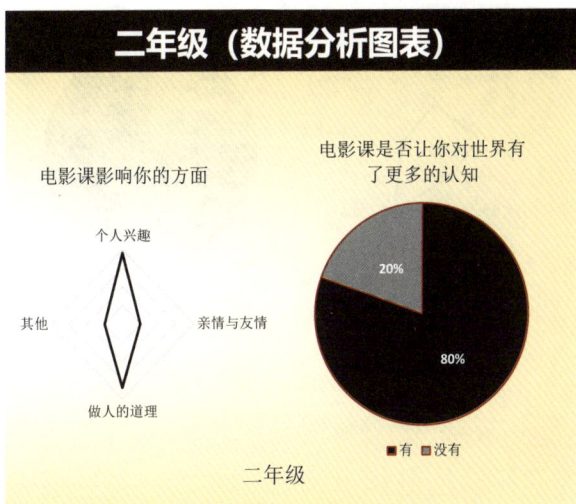

二年级（数据分析图表）

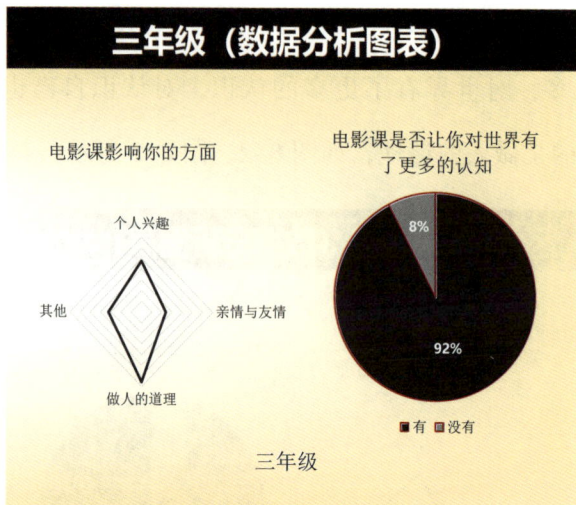

三年级（数据分析图表）

电影课影响你的方面

个人兴趣

其他　　　　亲情与友情

做人的道理

电影课是否让你对世界有了更多的认知

8%

92%

■有 ■没有

三年级

图8-2　第一学段学生收获反馈

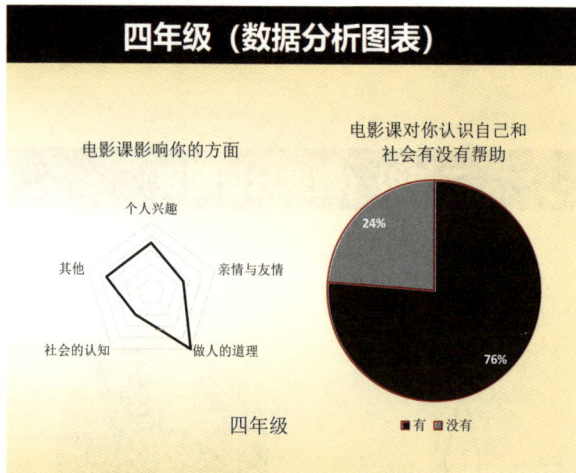

四年级（数据分析图表）

电影课影响你的方面

个人兴趣

其他　　　　亲情与友情

社会的认知　　做人的道理

电影课对你认识自己和社会有没有帮助

24%

76%

■有 ■没有

四年级

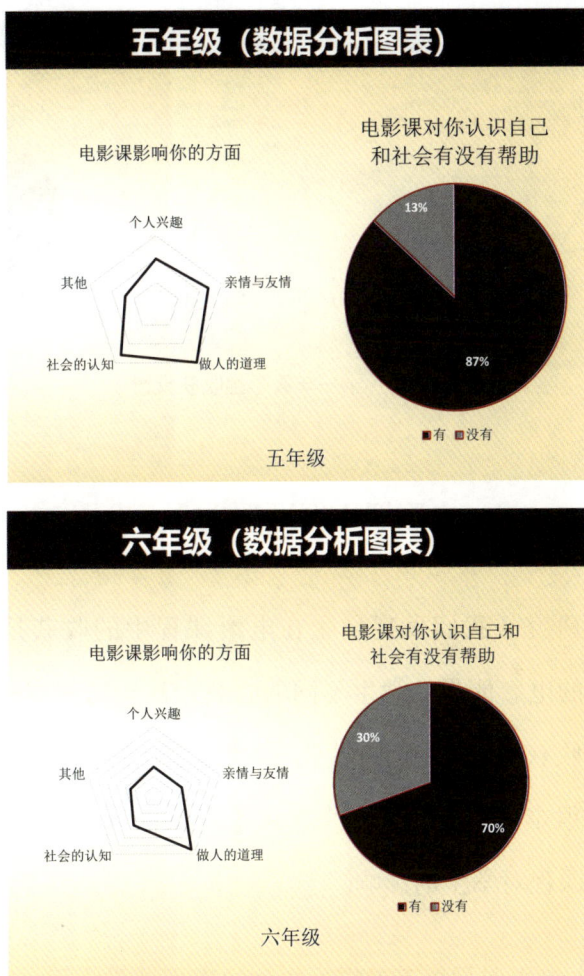

## 五年级（数据分析图表）

电影课影响你的方面

个人兴趣
其他
亲情与友情
社会的认知
做人的道理

五年级

电影课对你认识自己和社会有没有帮助

13%
87%

■有 ■没有

## 六年级（数据分析图表）

电影课影响你的方面

个人兴趣
其他
亲情与友情
社会的认知
做人的道理

六年级

电影课对你认识自己和社会有没有帮助

30%
70%

■有 ■没有

图 8-3　第二学段学生收获反馈

　　在第三、第四学段中，约 80% 的学生都认为电影课程有助于自己建立正确的"三观"；对社会的认识更理性、更清晰。以十一年级学生的反馈结果为例，如图 8-4 所示。

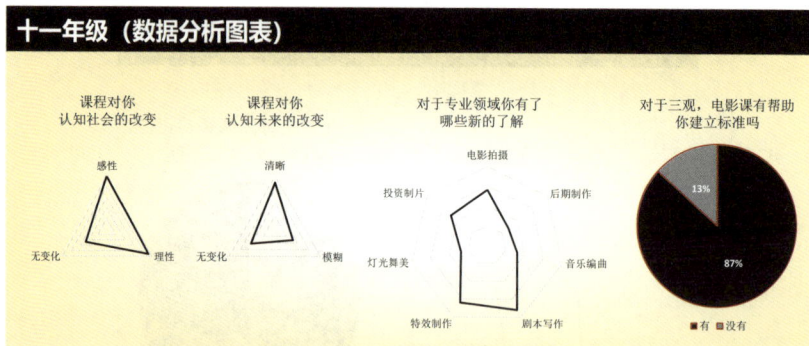

图8-4 十一年级学生收获反馈

## 二、电影课程促进学生全面发展

通过研究，我们发现学生在电影课程中的收获是多方面。不仅不同的电影能带给学生不同的收获，甚至同一节电影课后，学生们的收获都各有侧重。想全部列出学生从电影课程中获得的成长，很难做到。故接下来仅从电影课程目标的四个方面来分析电影课程对学生的影响。

### （一）电影课程能有效提升学生的电影鉴赏水平

课题组在访谈多位教师和学生后，发现电影课程能有效提升学生的电影鉴赏水平。多位老师类似这样描述学生的变化："最初，电影海报张贴出来，学生们都兴奋不已！而问起老师就一句话：这部电影好看吗？除此之外并不关心其他。他们认为

这是娱乐时光。后来，电影海报张贴出来，学生们会问：这部
电影讲什么？他们变了，在关注电影娱乐性的基础上，变得更
加关注电影的内涵和意义了！电影课结束后也会自发地讨论关
于信仰、人性、责任等话题，每部电影中都会找到值得他们学
习的目标。"

　　学生也表示：现在自己选择看哪部电影时，不会仅仅从视
觉效果一个角度去选择，更会思考能从电影中收获哪些。

　　在没有电影课程之前，学生写电影观后感只能写自己的感
想。在开设电影课程之后，学生们不仅能写感想，更能从多种
角度去评价电影。因为在电影课程中，老师们会有意识地培养
学生的电影鉴赏能力。

　　以角色人物为例，电影课程教师在课程中会就人物展开重
点讲解，让同学们明确，电影人物是电影的核心，读懂电影人
物，也就读懂了电影的核心内涵。评电影人物，不仅要看电影
中有什么人物、人物关系是什么，还要留意电影中的人物外形，
因为人物外在形象是影片人物重要的性格特征和重要的视觉信
息；更要思考影片中人物的内在性格、人物与情节的关系，电
影人物如何成为叙事的主体，如何在电影情节中成为发动者和
承担者，从而传达电影的主题。

　　再如电影的艺术手法，什么是场景、镜头？电影结构有哪
些？什么是电影的镜头语言？色彩和光线等造型语言在电影中

是如何设计的，为什么这么设计？电影课程中老师常常会和同学们讨论几个技术点，这些都能用到影评中。

如白同学在《智取威虎山》的影评中评人物，他写道："电影里的每一个人物都那么活灵活现，个性十足。如英勇俊俏的少剑波、有胆有谋的杨子荣、骁勇威猛的刘勋苍、粗俗诙谐的栾超家、坚韧忠诚的孙达得，这五个人物虽然各有各的特点，但他们有一点是相通的，那就是忠诚，忠于党，忠于人民。他们一切行动都服从命令和组织的安排，考虑问题从大局出发。少剑波在自己的亲人被杀害后强忍住内心的悲痛，始终服从党的安排；杨子荣只身一人进入匪窝，献礼座山雕时，想的是如何通知首长，如何不被发现；攀爬能手栾超家跨越涧谷时，想得最多的仍是担心因自己的失误造成剿匪的失败。他们每个人都让自己的特长成为战斗中最有力的武器，他们的所思所想体现的都是一种军人的奉献精神。这里面还有甜美热情的白茹、为民牺牲的高波、机智聪颖的董中松，他们个个都是英雄。"

王同学评《觉醒年代》的细节镜头，她说："大量隐喻性细节的运用，使《觉醒年代》在视听表达上更具历史底蕴和文化内涵。剧中多次出现蚂蚁，陈延年放生展现了中国人骨子里的温良；伴随着陈独秀慷慨激昂的演讲，那只不断向上攀爬的蚂蚁隐喻了中国人正慢慢觉醒；无论李大钊先生怎样晃动，蚂蚁始终向上走，跟着光走。这些隐喻增强了画面感染力，加大了戏剧张力，使观众产生了情感上的碰撞，心灵上的共鸣。"

## （二）电影课程能有效培养学生的爱国爱党爱家之情

在二年级电影课《小兵张嘎》中，导入环节设置了爱国知识竞答、国庆阅兵观看和齐唱国歌活动（如图8-5所示），以期培养学生的爱国情怀。当孩子们看到八路军胜利时自发地开始高呼："中国万岁！"

图8-5　电影课《小兵张嘎》中学生齐唱国歌

在观看六年级第二部电影《勇士》后，一位学生在观后感中写道："红军战士对学习的渴望让我感动，他们行军还要背着小木板，方便后面的战士学习生字词。现在我们有优越的条件，我们能天天上学，还有美味可口的饭菜。最重要的是我们这里没有战争，祖国已经是发展中国家中的强国。我们应该也必须珍惜现在和平美好的生活。现在的生活都是曾经那些勇士用双手、用鲜血、用生命创造的……"

以上两个例子只是冰山一角，类似的故事在电影课程中还有很多。从学生在观影中的情不自禁，到课上观影后的口头表述，再到课后写成的文字作品，我们可以看出该课程对铸造学生的中国灵魂、培养学生的爱国情怀非常有效。

电影课程之所以能对培养学生的爱国情怀如此有效，一是因为电影的独特魅力，能让学生有身临其境的代入感，本身就是开展思想道德教育的良好载体；二是在设计电影课程目标时，将爱国情怀放在首位，根据学生的身心特点，选择了很多红色经典电影，保证每个年级都有一定量的爱国主义影片，让爱国主义教育持续进行；三是在课程实施时，设计多种活动来浸润爱党爱国之情。

以2021年六年级的电影课《建党伟业》为例说明。观影前，教师首先呈现学习目标："通过观影，知道中国共产党诞生的历史背景，从而认识到没有共产党就没有新中国。我们要学习和传承红船精神，做新时代的好少年。"然后，介绍建党节，师生高唱歌曲《没有共产党就没有新中国》，浸润爱国情怀。观看短视频《红船精神》，引出影片《建党伟业》。观影中，当看到影片中爱国学生高举"还我青岛"的牌子游行示威时，学生们被剧情感染，也会不由自主地呐喊。观影后，教师引导学生谈感受，有学生说："感谢共产党，让我们的祖国不再被人欺负！"还有学生说："祖国的领土神圣不可侵犯，不论何时我们都要捍卫国家主权。"教师根据学生发言适当拓展，介绍《中华人民共和国宪法》中的相关内容，让学生认识到：作为中国公民，当国家面临主权问题时，我们必须积极捍卫国家主权和领土完整，这是热爱祖国，亦是遵守宪法。最后教师总结，并以学校的育人目标结尾，说道："正是因为有了中国共产党，才有了我们现在的幸福生活。我们要爱党爱国，要更加珍惜现在的幸福生活，努力学习，做一个有中国灵魂、国际视野和跨文化交流能力的社会主义接班人。"

从以上的例子，我们能深刻地感受到电影课程能有效培养学生的爱党爱国之情。那么在培养学生爱家方面效果又如何呢？

授课教师在采访一位高三同学时问道："你最喜欢本学期电影课程中的哪一部电影？其中印象最深的电影情节或电影人物是什么？"学生回答："最喜欢韩国电影《开心家族》，电影中最感人的情节是：尚万和妍秀一起坐在公园长凳上吃'爱哭大婶'做的水芹菜寿司，味道很棒，为什么'爱哭大婶'喜欢用水芹菜来做寿司呢？尚万脑海中开始回想起儿时的场景，忽然那段失去的记忆一下子全部回来了。"教师还问道："你觉得在电影课程中，自己获得的最大的收获是什么？为什么？背后有什么'故事'吗？"学生回答："最大的收获是懂得了更加珍惜亲情。我们就要出国留学了，以前不懂事，不知道体恤父母，现在长大了，慢慢懂得了他们的辛苦，特别是看完一些亲情主题的电影后，我觉得我的父母家人对我的爱，一点也不逊色于影片中的主人公。我可以想象，我出国后他们该多么担心我。"

授课教师曾对一位初三学生的家长进行访谈，问道："您觉得电影课对孩子、对改善亲子关系有帮助吗？"这位家长说："帮助还是很大的。对孩子来说，好的电影让他不用亲身经历相似的事件也能了解更多人生哲理。对于亲子关系来说，跟孩子一起看电影或一起谈论电影，能跟孩子有更多的共同话题，电影课起到了很好的粘连作用。"

从以上两个访谈案例片段中，我们可以看出电影课让学生更加懂得家人对自己的爱，也会更加爱自己的家；电影课也能助力改善亲子关系，在家校共育中起到桥梁作用。

### （三）电影课程能促进学生形成正确的"三观"

"三观"一般是指世界观、人生观、价值观，这是被大多数人所认知的"三观"，它们辩证统一，相互作用，崇高的真善美为"三观"的追求目标。我们可以将帮助学生形成正确的"三观"理解为帮助学生形成正确的思想认识。电影课程能促进学生形成正确"三观"的例子有很多，这点相信大家都能理解，故在此仅用两个例子来说明。

1.四年级同学笔下的"价值观"

四年级的馨雅同学在上完电影课《钱学森》后写道："今天，

我观看了《钱学森》这部影片，钱学森的爱国之心、坚定的理想信念以及伟大的创新精神，使我心潮澎湃，无法忘怀。当他得知新中国成立的消息，就第一时间想要回到祖国，用自己的所学帮助中国将自主研发的导弹送上天。面对美国政府的强硬阻挠和巨大威胁，甚至被关进监狱，钱学森都临危不惧，信念坚定。最终在一些华人科学家的帮助下走出了监狱，并在中国政府的不懈努力下，终于在 44 岁时回到了祖国的怀抱。回国的前一天，加州理工学院院长杜布里奇先生和海军部副部长金博尔曾找过钱学森谈话，他们问钱学森：'你这么一个有才华的人回到一个农耕社会能干什么？'钱学森回答道：'回到我的祖国干什么都可以，哪怕是种苹果！'我被这个片段深深地打动了。再大的利益诱惑也比不上钱老的一颗拳拳爱国心。回国后，钱学森以一个普通科学家的身份，穿过风沙弥漫的西北沙漠，成功研制了'两弹一星'。钱老使我对'爱国'两个字的理解由模糊变得逐渐清晰。爱国，就是要把祖国放在心里，努力学习，为祖国贡献自己微薄的力量！电影尾声，钱老和夫人有一段动情的对话。'如果不是嫁给了我，你将会是一位著名的歌唱家。'夫人坚定地回答：'在中国可以没有蒋英这样的歌唱家，但不能没有钱学森这样的科学家。'没错，中国需要钱老这样的科学家，钱老的英雄事迹会被历史铭记，被祖国铭记，被一代又一代的青少年铭记，也被我铭记。今后，我将更加努力学习，长大后报效祖国！"

在馨雅同学的文字中，虽然没有出现"价值观"和"人生观"等字眼，但我们能看出她认为：一个人最大的价值体现在能否报效祖国，而不是靠月收入多少、工作生活条件如何优越来证明自己的价值。做人要有大局观，在国家利益面前，个人的荣辱得失并不重要，除了钱学森的事迹，蒋英女士的话也为我们做出了榜样。这不正是电影课程助力学生形成了正确的"三观"的证明吗？

2. 七年级同学理解了"坚持"与"配合"的真谛

一诺同学在看完电影《绝杀慕尼黑》后写道："在这部电影中，我意识到了两样东西的重要性，一项是'坚持'，而另一项则是'配合'。我们要学会坚持，咬着牙向前走，没有人能看得见整个世界的未来，不过人却可以通过努力去尽量地规划自己的未来，遇到困难不低头，遇到难关勇敢闯，如此才是坚持的意义所在。同时，我们要学会配合，这个世界上总有一个人无法完成的事情或者无法短时间完成的事情，团队的力量大于个体的力量，所有人的力量拧成一股绳，互相取长补短，打好配合，才能把事情完成得更优秀。就像苏联队的谢尔盖一样，他的个人能力很强，在以往的比赛中，他平均每场都能得30分，用之前教练的话说：'遇到麻烦，就把球传给谢尔盖，他会知道怎么做。'但面临真正强大的对手时，单枪匹马总会输掉比赛。在经过每个球员之间的磨合之后，苏联队的配合做得越来越好，最终赢得比赛。我又再次思考'体育精神'到底是什么，我想，不仅仅是'赢'，不仅仅是'更高、更快、更强'，更重要的是'精神'。这种精神，是一种积极向上、不懈努力、突破自我的精神，是一种相信队友、热血真诚、团结拼搏的精神。而我们的生活中，不仅仅在体育中、比赛中需要这种精神，小组作业、社会实践、社团活动也都需要。最后，我希望更多的人可以观看这部电影，了解'坚持'与'配合'的真谛！"

看了一诺同学写的文字，我们不仅为他的文采点赞，更欣慰于他在观影后所形成的正确的思想认识。

## （四）电影课程是开展国际理解教育的良好载体

"国际理解"是为了促进不同文化背景、不同种族、不同宗教信仰的国家、地区、民族人们之间的相互尊重、理解和宽容，鼓励人们互相合作，为世界和平与发展共同努力。电影具有内容的易读性、吸引性，形式的贴近感、亲切感，主题的宽广度、自由度，再加以拓展延伸活动，电影课程自成一方渗透国际理解教育的沃土。

1. 精选电影，构建科学的国际认知

电影课程的教学文本是电影。电影的选择，在综合考量电影的德育意义、美育价值的同时，应秉持"根中国、瞰世界"的原则，选择优秀国内电影，也将一批外国电影纳入电影课程教学之中。

中华民族精神是中华民族赖以生存的精神支持，国际理解能力培养的基石应是民族自尊，当我们倡导学生认知世界时，更应明确引导学生不忘根、不忘本。这并不是狭隘的民族主义，而是确定国际理解教育的圆点——先认识世界中的中国，弘扬民族精神、坚定民族自信。电影课程选择的电影文质兼美，学生代入感强，在其中净化心灵、涤荡灵魂，这使"民族自尊"的认知培养扎实、有效。例如，教师们选择的电影《地道战》《鸡毛信》《小兵张嘎》《闪闪的红星》《钱学森》《国歌》《建党伟业》《厉害了，我的国》《八佰》《战狼2》《红海行动》《湄公河行动》《悬崖之上》《集结号》，在这些电影中，学生可以清晰地认识到各族人民为中国革命和社会主义建设而奋斗的历程，触摸中华民族共同的历史记忆，感悟其蕴含的爱国情怀、价值观念和道德诉求。

"国际理解"要"理解"，首先要认识。学生先要知道"有什么"，才能思考其联系与差异，才能知道"为什么"。电影课程设置了丰富的外国电影，以电影为介质，带领学生认识中国外的世界，从而理解国际差异、构建全球意识。小学有《精灵鼠小弟》《狮子王》《小王子》《鼠来宝》《你看起来很好吃》《海洋奇缘》《别惹蚂蚁》《艾特熊和赛娜鼠》《天空之城》《奇迹男孩》《小鞋子》，初中有《欢乐好声音》《天才少女》《网络迷踪》《何以为家》《这个杀手不太冷》《国王的演讲》，高中有《辛德勒的名单》《闻香识女人》《三傻大闹宝莱坞》《开心家族》《美丽人生》《触不可及》。这些电影来自美国、法国、日本、英国、伊朗、印度、黎巴嫩、意大利等众多国家；在不同的故事里，呈现着不同国家的自然风土、文化历史、社会面貌、人的认知追求及人的生存生活状态等。随着电影课程的开展，学生的视野更开阔，胸怀更博大，逐渐建立起更理性、更包容的世界观，去尊重、理解世界各国、各地区的差异，同时构建起对世界一体化和多样化的科学认知。

2. 巧妙实施，进一步提升学生国际理解能力

在观影后环节中，"问题探讨"的教学活动经常会变成国际理解教育的"翻转"课堂。例如，观看电影《闻香识女人》后，学生会和教师讨论各国的香水文化；观看电影《飞驰人生》后，学生对于国际拉力赛的科普发言获得满堂彩；在《何以为家》的电影课中，学生回顾以电影主人公为代表的叙利亚儿童的人权问题；观看电影《我们诞生在中国》后，学生讨论濒危珍稀动物和环境保护方法；观看电影《辛德勒的名单》后，有学生讲述犹太人被迫害的历史，也有同学大赞导演斯皮尔伯格的辉煌人生……每个学生身上都有自己专属的知识场和独特的能量

场，在大家的讨论中，有效提升国际理解力。

在电影课外活动中，教师巧妙设计的多样活动，也能实现国际理解教育的目标。以"环球文化嘉年华·电影之夜"活动为例，活动中每班代表一个国家，围绕不同文化准备不同的服饰、电影及周边物品、演讲。学生们精细设计了各国独一无二的电影票，并在云平台上抢票；凭票去往各个"国家"（班级）观看英、美、日、韩、泰、德、法的原声电影，和志同道合的小伙伴一起享受观影的快乐。电影之夜只是引子，随后还有更精彩的"非正式官方论坛""答题护照集章大比拼""特色游园会"等环环相扣的体验式教育内容。

## 三、电影课程促进教师成长

电影课程促进教师成长体现在两个方面：一是授课教师在上课及课程开发过程中获得的成长；二是普通教师在和学生一起看电影，参加各种电影活动后收获的成长。

授课教师通过编写读本、设计电影课程教学活动，不仅提升了电影鉴赏能力、电影课堂教学能力；更增长知识、扩展视野，提升了自己的国际理解能力；还熟悉了校本课程的开发流程、完善机制等，提升了教师的课程力，促进教师专业发展。如北京市二十一世纪学校电影课教师的6篇文章在市区级评选中获奖；在 2021 年第一届全国中小学影视教育研讨会中，两位老师分别做了主题报告《电影课程与美术学科的内在艺术交融》《浸润在电影课程中的党史学习》，受到专家好评；在学校期刊《世纪教育》中有一期的特别关注就是"世纪影视课程"，收录授课教师的九篇电影课程文章。

普通老师的成长有两个方面。一是电影直接带给老师的收获和成长，如看完红色电影后，更加了解党的历史，更加爱党爱国；看完励志电影后，能更好地投入到工作和生活中去。二是能用电影课程中的影片资源对学生进行心理教育或德育，以电影为载体助力学生学习本学科的知识。

## 四、电影课程助力学校发展

电影课程助力学校发展，体现在以下三个方面。

一是提升学校的课程影响力。在电影课程教学实践和研究中，学校能形成一些经验，并通过成果报告、论文、主题发言等多种形式分享给教育界同人，获得大家的认可，为中小学影视教育发展贡献力量。如北京市二十一世纪学校形成的案例《十二年一贯制世纪电影课程开发与实施研究》在教育部课程教材研究所举办的全国校本课程优秀案例评选中被评为典型案例（2023 年）；电影课程成果报告《光影课堂，启迪成长——十二年一贯制电影课程设计与实施》在 2020—2021 学年北京市基础教育课程建设优秀成果评选活动中获得二等奖;《十二年一贯制电影课程的设计及实施研究》在 2021 年获海淀区"十三五"优秀教育科研成果评选特等奖等。另外,在电影课程的设计与实施过程中,形成《电影课程学生读本》一套 12 本,每个年级一本;包含 100 个教学设计的《电影课程教学案例集》1 本;学生作品成果集 2 本,还形成了《电影课程成果集》。该成果集包括四大部分。第一部分"影音视界",这里有每个年级上课的精彩图片,再现课堂中的精彩环节。第二部分"影音味道",收录了 12 位授课教师的授课心得,描述了老师们教授电影课程的心路历程,里面有辛勤的付出,更有收获成长的喜悦。第三部分"影音艺术",荟萃每个年级电影课程的精美海报。第四部分"影音天堂",收录了 4 个学段学生在电影课程学习中创作的优秀作品。

二是解决了以往学校思想道德教育形式单调、缺少课时、效果不佳的问题;有效培养学生爱国、爱家情怀,让学生通过电影进一步了解中华文明,增强民族凝聚力,促进实现学校立德树人的教育目的。

三是学校能积累一些推进课程建设的经验。以北京市二十一世纪学校为例,通过电影课程开发形成了这样的经验:每学期开展阶段性成果汇报会,让大家互相学习,促进已有阶段性成果在教学实践中的落地、推广；每学年组织课程成果评选活动。按照汇报情况和评选结果，结合学校已有《学术积分奖励制度》进行奖励，能有效激励教师的研究积极性。

# 第九章　对于未来电影课程优化方向的一些思考

## 一、学习状态：如何支持学生在电影课程中深入思考

为更好地发挥电影课程的育人价值，电影课程组教师在实践中不断探索——如何在课程实施过程中支持学生深度思考。

第一，电影本身需要有较强的育人价值，而不仅仅是精彩。比如《速度与激情》是一部很刺激的影片，观影时学生觉得很开心，但是这部电影并没有带来什么思考；再如《蝙蝠侠：黑暗骑士》有一些画面比较黑暗，有的学生表示看不太懂，还有的学生观影后有些害怕，这样的影片也是在选片过程中要回避的。电影课程组坚持每学期对学生进行问卷调查和访谈，及时替换掉不利于学生深度思考的电影，努力让电影课程发挥出育人价值。

　　第二，教师要善于去挖掘电影的育人价值。有的电影尽管与学生的生活经验关联度不高，但本身具备很强的育人价值，能激发学生深度思考。比如《鸡毛信》作为抗战题材的儿童电影，其承载的精神值得每一代孩子去学习。但类似这样的影片，学生观赏起来有难度，因为是离学生年代较远的黑白电影，所以教师需要设计有效的活动来激发学生思考。教师可以在观影前活动中介绍电影的时代背景，提供一定的脚手架，帮助学生在观影时了解电影中人物的特点及剧情冲突等。教师也可以及时提出问题，让学生在观影时去求索答案，更有目标感。尽管大多数学生都是乐于观影的，但是面对不同的题材，学生会有不同的偏好。学生容易因为《鸡毛信》的黑白色调以及离他们的时代很远而观影热情不高，那么教师可以用一些活动调动孩子的观影兴趣，比如：猜一猜什么是鸡毛信？为什么海娃这么着急把鸡毛信送给八路军？抑或是展示电影好玩的片段，比如展示一小段海娃与日军斗智斗勇的视频，然后让孩子在欣赏影片的过程中继续关注海娃是如何把鸡毛信送出去的。教师还可以帮助孩子增加代入感：如果你是海娃，你打算怎么做？等等。这样的活动设计，都能有效地挖掘电影本身的育人价值，更好地引导学生进行思考。

　　第三，用扩展与电影主题相关知识的方式来激发学生深度思考。以《战狼2》为例，在导入环节，可以以国庆阅兵为例，介绍我国现役的武器装备，给学生进行国防知识普及教育。以《飞驰人生》为例，教师以了解世界上著名的赛车赛事为切入点，吸引学生进入课堂，例如：F1赛车比赛、WRC赛车比赛、DTM德国房车大师赛，等等，学生可以逐一观看不同比赛的视频去进行了解。视频同时也介绍了赛车比赛的危险性，以车手扎纳尔迪为例，扎纳尔迪是一位在赛车比赛中因故残疾但并没有放弃反而越挫越勇的赛车运动员，戴着假肢也要参加比赛。这样的切入点既可以吸引学生的注意力，又能够让学生带着很多对电影主题的新认识进入到观影中，进而期待观影。

第四，观影后用一些开放性的问题激发学生深度思考。比如电影《飞驰人生》的结尾是开放性的："主角张驰到底有没有失去生命？"这个结尾值得学生讨论，有的学生认为他为了追求梦想失去了生命，也有的学生认为他为了陪伴家人最后暂时放弃了梦想。在学生各抒己见时，教师不应直接去评判对错，而是进行适当的引导，并鼓励学生积极分享自己的观点。

第五，在高年级学生中可以尝试通过创新选片方式、课堂教学方式来支持学生的深入思考。许多高中学生本身已经看过许多电影，因此统一的观影并不能高效地发挥电影课程的育人价值。高中阶段教师可以考虑在学期初给出电影清单，学生们通过阅读电影介绍，以投票的方式选出本学期最想看的4部电影，给予学生丰富可选择的课程，让学生更加乐于参与观影。

电影课程也不用拘泥于校内。高年级学生对于观影已经有了自己的想法，教师可以进行影片推荐，学生根据自己的偏好，选择电影在周末进行观看，教师主要挖掘学生观影后的思考深度和广度，或者以小组团队的形式进行互相分享和佳片推荐。

## 二、学习资源：如何进一步优化电影读本

电影课程读本的编写旨在帮助学生更好地理解电影，教师们将观影前的介绍、观影后的拓展以及观影中的评价都编写进了电影读本，内容非常丰富。电影读本的编写耗费了教师团队大量的时间和精力。电影课程自开展以来，根据政策的变化选片随之变化，而电影读本则是根据选择的影片而编写的，在这个过程中电影读本经历过四次改编，第一次是完善内容，第二次是改变国内外电影的比例，第三次是完善排版，第四次是整体升级，改动内容非常多，给电影课程组教师的工作带来了不小的挑战。

但电影课程组教师不惧挑战，一心只想着让读本更好，让孩子们从中受益更多，于是又生成了如下的优化设想。

第一，读本可以打印为尺寸小一点的册子，方便学生带到观影处。低年级读本上可以设计一些简单的问卷，高年级可以快速写下一些观影感受，观影结束方便电影教师收走查看，以

及时了解学生的观影情况。

第二，改变以学段设计固定读本的模式。小初高一起编写电影周报，小初高老师一起将本月自己年级要播放的电影相关内容集合到一起，如此，小初高学生都能看到新的内容。而且周报或者月报的内容可以即时更新，报道新鲜的内容，还可以让学生参与其中，报道学生的感想等。

第三，设计电子读本。随着互联网的普及和多媒体的发展，可以让学生参与设计电子的电影画报，这样读本就变成了具有可视化、交互性、创作性的新媒介。读本就更加适合学生的年龄特点，随时随地编辑，人人都可以投稿，人人都可以拍摄短视频，读本具有了交互性。人人都成为电影课程真正的参与者。可以考虑电子读本和纸质读本结合使用。

## 三、学习活动：如何保证观影后活动的开展

一般一部电影的时间是 90—120 分钟，因此电影课都安排在晚上。电影课程教师多会利用 10 分钟左右来完成导入环节，让学生对影片中的人物、情节等有个初步的了解，进而对影片产生兴趣。目前电影课的导入环节教师们都能落实，但由于部分影片时间较长，教师们不得不匆忙完成。此时，观影后的活动落实就会存在一定困难。基于课堂时间不充足这种情况，可

以从两个方面着手解决。

一是从观影前的导入环节处着手。现场的导入环节不宜过长，要根据学习目标来精准设计，激发学生的观影热情。可以考虑将观影前活动进一步前置。教师可以在电影播放的前几天就向学生发布电影课导入视频（5—10分钟）或将影片导入信息附在宣传海报上。教师也与班主任沟通，晚上利用几分钟读一下电影读本，使学生对电影有一个初步的了解，这样观影当天就可以节约一定的时间。此外，高年级的班级可以选一位电影课代表，在课程开始之前将导入环节交给电影课代表，利用其他时间在班里完成。

二是可以将观影后活动进一步后置。电影课结束后，不用急于用几分钟完成观影后活动。活动也可以以班级为单位，请班主任或电影课代表带领大家在一周内对电影内容进行复盘，组织同学们在班里讨论、交流观后感、完成电影课学案。由于每一部电影都有不同的主题，也可以结合学部当月的德育主题开展班会内容。为进一步将观影成果内化，教师还可以向学生提供丰富可选择的活动，比如征集学生的观影作品，低年级可以是美术手工作品，高年级可以是影评等，作品优秀的同学，可以获得"电影插画家""最佳影评人"等称号，或者是为接下来的观影内容代言。但这样的观影后活动不宜一刀切，而是学有余力的同学自愿参加。

# 附　录

## 教育部推荐的 41 批次电影

### 第 1 批向全国中小学生推荐优秀影片片目

故事片：《少年雷锋》《驴嘎上电视》《小象西娜》《鹤童》《孤儿泪》《我也有爸爸》《孙文少年行》《刘胡兰》《红发卡》《离开雷锋的日子》

科教片：《长城》《知识老人》

纪录片：《近代春秋——从鸦片战争说起》《香港 1997》

### 第 2 批向全国中小学生推荐优秀影片片目

故事片：《广州来了新疆娃》《冼星海》《警魂》《白马飞飞》《鸦片战争》《红河谷》《紧急救援》《滑板梦之队》《犬王》《男

孩女孩》《背起爸爸上学》《青年爱迪生》《伟人爱迪生》

动画片:《自古英雄出少年》《大森林里的小故事》《中国民族民间故事和传说》《快乐家家车》《格列佛游记》

纪录片:《国歌》《风景这边独好》《革命领袖人物系列片》《近代春秋》《山梁》《丰碑》《周恩来外交风云》《新动物世界》

科普片:《地震防震》《献给孩子一颗坚强的心》

供高中学生赏析的精品电影:《安居》《白比姆黑耳朵》

### 第 3 批向全国中小学生推荐优秀影片片目

故事片:《成长》《疯狂的兔子》《快乐天使》《草房子》《下辈子还做母子》《伴你高飞》《一个都不能少》《家洁公司》

纪录片:《鲁迅之路》《越过太平洋》《世纪大典》《共和国主席刘少奇》

### 第 4 批向全国中小学生推荐优秀影片片目

故事片:《国歌》《良心》《不能没有你》《世纪之梦》

纪录片:《挥师三江》

美术片:《宝莲灯》《猫咪小贝》

### 第 5 批向全国中小学生推荐优秀影片片目

故事片:《紧急迫降》《冰与火》《冲天飞豹》《横空出世》

《铁血大动脉》《鼓手的荣誉》《弹起我的扎年琴》《冲出绝境》《绿野仙踪》

科普片：《蓝猫淘气 3000 问》

纪录片：《中国 1949》《中山舰沉浮录》《东方巨响——中国两弹一星实录》

## 第 6 批向全国中小学生推荐优秀影片片目

故事片：《我的一九一九》《会唱歌的土豆》《北京人》

科教片：《让生命永存》

电视剧：《小鬼鲁智胜》

## 第 7 批向全国中小学生推荐优秀影片片目

故事片：《国庆纪事》《会飞的花花》《无声的河》《扬起你的笑脸》《欢乐公主》

美术片：《哎哟妈妈》

## 第 8 批向全国中小学生推荐优秀影片片目

适合小学生观看的影片：《TV 小子》《第二次机会》《巨狗奇遇记》《猪小弟》

适合中学生观看的影片：

故事片：《法官妈妈》《生死抉择》《毛泽东在 1925》《詹天

佑》《刘天华》《真心》《英雄郑成功》《毛泽东与斯诺》

科教片:《宇宙与人》

### 第 9 批向全国中小学生推荐优秀影片片目

故事片:《生旦净末》《我是一条鱼》《妈妈没有走远》《六月男孩》《棒球少年》《真情三人行》《微笑的螃蟹》

专题片:《新世纪的选择》《中华文明》《永恒的雕塑》

### 第 10 批向全国中小学生推荐优秀影片片目

故事片:《嘎达梅林》《背水一战》《25 个孩子一个爹》《周恩来万隆之行》《首席执行官》《走向太阳》

专题片:《永恒的旋律》《秘密战记》

纪录片:《为了明天》

### 第 11 批向全国中小学生推荐优秀影片片目

适合中小学生观看的影片:《合跳墨脱》《少女穆然》《少年英雄》《寒号鸟》《纸飞机》《惊涛骇浪》

供中小学生观看的影片:《邓小平》《我和乔丹的日子》

### 第 12 批向全国中小学生推荐优秀影片片目

适合中小学生观看的影视片:《大宝贝小宝贝》《飘扬的红领

巾》《惊心动魄》《暖春》《女生日记》《走近毛泽东》《跨越时空的文明》《朝霞满青山》

供中小学生选看的影视片:《石月亮》《勇敢少年》《生存岛历险记》

### 第 13 批向全国中小学生推荐优秀影片片目

《张思德》《我们手拉手》《安源儿童团》《灿烂的季节》《飞来的青衣》《快乐时光》《我要做好孩子》《我的小学》《哈罗,同学》《危险智能》《小康路上》《关爱明天》《国魂》《灾难时刻》《戎冠秀》《香港脱险》

### 第 14 批向全国中小学生推荐优秀影片片目

适合中小学生观看的影片:《我的法兰西岁月》《上学路上》《枪手》《珍惜青春》《这个假期特别长》《来不及爱你》《秋雨》

适合高中生观看的影片:《小平,您好》《邓小平·1928》

### 第 15 批向全国中小学生推荐优秀影片片目

适合中小学生观看的影片:《没有音乐照样跳舞》《青春号》《黑白记忆》《柳月弯弯》《乒乓小子》《花开的声音》《姐妹兄弟》《88995》

适合高中生观看的影片:《风起云涌》《网》《千秋三峡》

《圣殿》

供中小学生选看的影片:《钢铁脊梁》《青春的忏悔》《暖情》《神秘谷》《会说话的风筝》《风雨上海滩》《金蝴蝶结》

### 第 16 批向全国中小学生推荐优秀影片片目

适合中小学生观看的影片:《为了胜利》、《网络少年》、《生死牛玉儒》、《任长霞》、《大山深处的保尔》、《小兵张嘎》(动画)、《麦特、巴卜和大嘴》

适合高中生观看的影片:《太行山上》《鲁迅》《我的母亲赵一曼》

供中小学生选看的影片:《春天的热土》《栖霞寺 1937》

### 第 17 批向全国中小学生推荐优秀影片片目

适合中小学生观看的影片:《爱在路上》《留守孩子》《我要跳舞》《脊梁》《花儿》《青春的颤音》

推荐给中小学生选看的影片:《叫声妈妈》《叶圣陶在甪直》《院长爸爸》

### 第 18 批向全国中小学生推荐优秀影片片目

适合中小学生观看的影片:《海洋朋友》《东京审判》《殷雪梅》

推荐给中小学生选看的影片:《生死托付》《双飞燕》

## 第 19 批向全国中小学生推荐优秀影片片目

适合中小学生观看的影片:《动物狂欢节》《夜袭》《不能忘却的长征》《隐形的翅膀》《香巴拉信使》《悟空大战二郎神》《宝葫芦的秘密》《青涩记忆》《会飞的草帽》《爱在他乡》《儿子同志》

推荐给中小学生选看的影片:《元帅的童年》

推荐给高中生选看的影片:《珍爱生命　远离毒品》

## 第 20 批向全国中小学生推荐优秀影片片目

适合中小学生观看的影片:《少林四小龙》《东方狮王》《梦之队》

适合小学生观看的影片:《亲亲鳄鱼》

适合中学生观看的影片:《一梦十七年》《男人上路》《我的左手》《我的长征》

适合高中生观看的影片:《八月一日》

推荐给中小学生选看的影片:《闪闪的红星》《小火车》

推荐给高中生选看的影片:《东极拯救》

推荐给中学生在教师指导下观看和讨论的影片:《多多》《我在马路边捡到一元钱》

## 第 21 批向全国中小学生推荐优秀影片片目

推荐中小学生观看的影片:《买买提的 2008》《加油中国》《鸟巢》《情归周恩来》《棋王和他的儿子》《金牌的重量》《摔跤少年》

推荐中学生观看的影片:《啤酒花》

供中小学生选看的影片:《明星梦》

供小学生选看的影片:《黄小鸿之狮舞骄阳》《绿色的远方》《小鼠和大象的创意》

供中学生选看的影片:《我坚强的小船》《生命斑马线》

## 第 22 批向全国中小学生推荐优秀影片片目

推荐中小学生观看的影片:《破冰》《捕蛇少年》《俄玛之子》《超强台风》《西岳奇童》

推荐中学生观看的影片:《霓虹灯下新哨兵》《阿妹的诺言》《道歉》

供中小学生选看的影片:《水凤凰》《你是天使》《缘来是爱》《网络妈妈》《猴王出世》

供中学生选看的影片:《樱桃》《对岸的战争》《黎明行动》《男孩都想有辆车》

## 第 23 批向全国中小学生推荐优秀影片片目

推荐中小学生观看的影片:《熊猫回家路》《新鲁冰花》《筑梦 2008》《乌龟也上网》《淘气包马小跳》《校园安全教育地震系列电影科教片之一——地震后青少年心理干预与重建》《校园安全教育地震系列电影科教片之二——中小学生地震逃生与自救》

推荐小学生观看的影片:《浩昊文字国历险记——智斗谜语城》

推荐中学生观看的影片:《高考 1977》

供中小学生选看的影片:《舟舟》《马东的假期》《重归杜鹃》《机密行动》《杂技小精灵》《赤松威龙》

供中学生选看的影片:《愚公移山》《鹤乡谣》《生命的托举》《茶子》

## 第 24 批向全国中小学生推荐优秀影片片目

推荐中小学生观看的影片:《走路上学》《星海》《建国大业》

推荐小学生观看的影片:《马兰花》《锦绣花园》

推荐中学生观看的影片:《男生女生》《寻找成龙》《金色记忆》

## 第 25 批向全国中小学生推荐优秀影片片目

推荐中小学生观看的影片:《复兴之路》《邓稼先》《长安街》《尼玛的夏天》

推荐小学生观看的影片:《黑猫警长》《新地道战》《孤岛秘密战》

推荐中学生观看的影片:《大河》

推荐中小学生选看的影片:《人民至上》《廉吏于成龙》《父亲的梦想》

## 第 26 批向全国中小学生推荐优秀影片片目

推荐中小学生观看的影片:《虎王归来》(动画片)、《绽放》、《特别的爱》、《爱无疆》、《我的警察爸爸》、《孩子那些事儿》

推荐小学生观看的影片:《浩昊文字国历险记——大闹无字城》(动画片)、《我爱北京天安门》、《犹太女孩在上海》(动画片)、《小小代校长》

推荐中学生观看的影片:《鲜花》、《海洋天堂》、《五星红旗》(纪录片)、《城市之光》(纪录片)

## 第 27 批向全国中小学生推荐优秀影片片目

推荐中小学生观看的影片:《幸福的向日葵》、《海洋》(纪

录片)、《蓝色的七星湖》、《足球小子飞毛腿》、《兔侠传奇》(动画片)

推荐小学生观看的影片:《铜牌小车手》《一个小孩三个帮》

推荐中学生观看的影片:《祖国至上》(纪录片)、《守护童年》、《少年邓恩铭》、《老妈你真烦》、《守望明天》(纪录片)、《中国三峡》(纪录片)、《晏阳初》

### 第 28 批向全国中小学生推荐优秀影片片目

推荐中小学生观看的影片:《天赐》(纪录片)、《胡桃夹子》《战时省委》、《羌笛悠悠》、《仰望星空》

推荐小学生观看的影片:《追梦的山里娃》

推荐中学生观看的影片:《秋之白华》《辛亥革命》《湘江北去》

### 第 29 批向全国中小学生推荐优秀影片片目

推荐中小学生观看的影片:《跑出一片天》《念书的孩子》《大闹天宫 3D》《你是太阳我是月亮》

推荐小学生观看的影片:《我和拉拉》《文字国历险记——浩昊三战怪怪城》《小小升旗手》

推荐中学生观看的影片:《十五岁的笑脸》《杨善洲》《民的1911》《情归陶然亭》《陶行知》《先遣连》

## 第 30 批向全国中小学生推荐优秀影片片目

推荐中小学生观看的影片:《我和我的伙伴》《生死罗布泊》《孙子从美国来》《我和神马查干》《宝贝别哭》《指尖太阳》《万年烛光》《神秘世界历险记》(动画片)《包裹》《赛尔号之雷伊与迈尔斯》(动画片)

推荐小学生观看的影片:《邋遢大王奇遇记》(动画片)《会飞的小精灵》《大沙河会记得》

推荐中学生观看的影片:《光辉》(纪录片)《骡子的 10000米》《为人民放歌》(纪录片)《星空》《许海峰的枪》《小小飞虎队》《悠悠春草情》《一江明烛》

## 第 31 批向全国中小学生推荐优秀影片片目

推荐中小学生观看的影片:《雷锋在 1959》《雷锋的微笑》《冲锋号》(动画片)

推荐中学生观看的影片:《舅舅》《全城高考》《南平红荔》《阿米　走步》《忠诚与背叛》

推荐小学生观看的影片:《守望的花朵》《绿林大冒险》(动画片)

### 第 32 批向全国中小学生推荐优秀影片片目

推荐中小学生观看的影片:《国徽》《少年闵子骞》

推荐中学生观看的影片:《纯纯欲动》《紫香槐下》

推荐小学生观看的影片:《魔幻魅力》《乐乐熊奇幻追踪》《寻找声音的耳朵》《念书的孩子Ⅱ》《81 号农场之保卫麦咭》《小神来了》

### 第 33 批向全国中小学生推荐优秀影片片目

推荐中小学生观看的影片:《真爱》《张丽莉老师的故事》《城南庄 1948》《世界屋脊的歌声》

推荐中学生观看的影片:《电影先锋》(纪录片)、《三袋米》、《永恒的雷锋》(纪录片)、《侨女日记》

### 第 34 批向全国中小学生推荐优秀影片片目

推荐中小学生观看的影片:《校车安全——乘坐篇》(科教片)、《校车安全——使用篇》(科教片)、《国旗阿妈》、《巴图,快跑》

推荐中学生观看的影片:《雨婷》《德吉的诉讼》《义勇军魂》《镇海保卫战》《青涩日记》

推荐小学生观看的影片:《情笛之爱》《心曲》《少年棋王》

《我亲爱的小淘气》

## 第 35 批向全国中小学生推荐优秀影片片目

推荐中小学生观看的影片：《百团大战》、《战火中的芭蕾》、《金牌流浪狗》、《犹太女孩在上海2——项链密码》（动画片）、《西游记之大圣归来》（动画片）、《神笔马良》（动画片）、《黑猫警长之翡翠之星》（动画片）

推荐中学生观看的影片：《诱狼》、《根据地》（纪录片）、《开罗宣言》、《燃烧的影像》（纪录片）、《穿越硝烟的歌声》、《启功》

推荐小学生观看的影片：《文字国历险记——浩昊勇闯童话城》（动画片）、《马小乐之玩具也疯狂》（动画片）、《乐乐熊奇幻追踪2》（动画片）

## 第 36 批向全国中小学生推荐优秀影片片目

推荐中小学生观看的影片：《都是为你好》、《童歌娃娃智斗黑风怪》（动画片）、《脚尖上的信天游》、《鹰笛·雪莲》、《你幸福我快乐》、《勇士》

推荐中学生观看的影片：《我的战争》

推荐小学生观看的影片：《咕噜咕噜美人鱼》《大魔法师孟兜兜》《麦豆的夏天》

### 第 37 批向全国中小学生推荐优秀影片片目

推荐中小学生观看的影片:《我们诞生在中国》《摇滚藏獒》《大脚印》《野百合女孩》《天籁梦想》

推荐中学生观看的影片:《湄公河行动》、《白鲸之恋》、《无效申请》、《四渡赤水》(动画片)

推荐小学生观看的影片:《平凡的足球》

### 第 38 批向全国中小学生推荐优秀影片片目

推荐中小学生观看的影片:《旋风女队》《厉害了,我的国》《美丽童年》《破门》

推荐中学生观看的影片:《血战湘江》《青年马克思》《龙之战》

推荐小学生观看的影片:《天上掉下个琳妹妹》《快乐星球之三十六号》《卓远的梦想》《妈妈咪鸭》

### 第 39 批向全国中小学生推荐优秀影片片目

推荐中小学生观看的影片:《妈妈你真棒》《流浪地球》《烈火英雄》《一生只为一事来》《港珠澳大桥》《奔跑的少年》《第一次的离别》

推荐中学生观看的影片:《红星照耀中国》《天慕》《天渠》

推荐小学生观看的影片:《毡匠和他的女儿》《潜艇总动员 —— 海底两万里》《江海渔童之巨龟奇缘》《昆虫总动员2——来自远方的后援军》

## 第40批向全国中小学生推荐优秀影片片目

推荐中小学生观看的影片:《我和我的祖国》、《我和我的家乡》、《最可爱的人》(动画片)、《鹭世界》(纪录片)、《忠爱无言2》、《彩云深处》

推荐高中生观看的影片:《金刚川》、《奋斗吧中华儿女》(舞台纪录片)

## 第41批向全国中小学生推荐优秀影片片目

推荐中小学生观看的影片:《我和我的父辈》《奇迹·笨小孩》《红尖尖》《童年周恩来》《走出炭子冲》《我心飞扬》《再见土拨鼠》《桑丘的故事》《向着明亮那方》《穿过雨林》

推荐小学生观看的影片:《老鹰抓小鸡》《奇幻森林之兽语小子》

推荐中学生观看的影片:《我是周浩然》

推荐高中生观看的影片:《红船》《阳光照耀塔什库尔干》

# 后　记

在我的童年记忆里，看电影是一件让我非常快乐的事情。电影中的故事情节让我记忆深刻，电影中的英雄人物至今都是我学习的榜样。多年来，我一直认为：如果把电影仅仅当作一种娱乐方式，那就浪费了电影中蕴藏的巨大教育价值。学校作为育人场所，应该及时利用好这些宝贵资源，让优秀电影成为学生们成长的推手。

早在2015年，我就带领我校课程中心的老师们一起策划如何在我校开设电影课程。起初，在全校招募电影课程教师时，报名的教师很少，大家都认为自己不够专业。确实，作为基础学科教师，若是从影视专业的角度看，没有人能够胜任。但从促进学生成长的角度看，有学科背景和教学经验的老师，更适合给学生们上电影课，因为他们更了解学生，能在电影课和自己的常规课堂中、在学校的各类活动中、在和学生的日常交流中，更好地引导学生形成正确的"三观"。经过动员，老师们思想上有了新认识，一批年轻、有思想、有活力的教师成为了首批电影课程教师。2016年春季，第一节电影课在北京市二十一世纪学校里诞生了。随着电影课程的开展，我们一方面惊喜于电影课的育人价值，一方面也发现了一些问题。为了让电影课程更加完善，更好地发挥电影的育人价值，我们于2019年申请了全国教育科学"十三五"规划2019年度教育部重点课题《以立德树人为目标的十二年一贯制学校电影课程开发与实践研究》，并成功立项，由此开启了我校电影课程的新征程。

2022年学校引入了第三方诊断，诊断中有一个调查是：请学生依次列出自己最喜欢的课程。不论是中学还是小学，学生对电影课程的喜爱均列榜首，再次证明了开设电影课程的必要性。孩子们在留言中说道，电影课程让他们的学习生活更加有趣，电影中的人物对他们的影响很深。电影课程的育人价值从中也"可见一斑"。

看电影是一件愉悦的事，但开好电影课程，发挥好电影的育人价值却并不容易。为了让学生在电影课程中有更多收获，老师们多次反复观看各类电影，就为了选出最优秀的那一部；老师们制作教具，设计海报，还亲自现场扮演主人公；老师们编写读本，批改作业，固化学生们的作品，不辞劳苦。从开设电影课程以来，一批批老师加入到电影课程的研究中来，使电影课程的成果越来越多。为了让我们在实践中形成的成果，能帮助更多的中小学教师更好地开设电影课程，我们完成了本书的写作。

在本书的写作过程中，我校电影课程教师和电影课题组成员都付出了辛勤的劳动，他们是：喻淑双、吴洁、郭明、张亚楠、陈静、赵月梅、盛蕾、王虹、曲琦、赵海军、王娟、王月、欧沛、乐泽阳、方家琪、朱吟之、王志刚、郭茜茜、侯靓笛、王雅楠。在此深表感谢！

最后，希望本书能更好地助力我国中小学影视教育的发展，更好地发挥电影的育人价值，让更多的学生从中受益！